King's Cross St. Pancras
King's Cross Thameslink Sta.
Pentonville
Clerkenwell
Charles Dickens Museum
Coram's Fields
Brunswick Shopping Centre
Russell Square
Guilford Street
Great Ormond St. Hosp. for Children
National Hosp.
Holy Cross Ch.
Thomas Coram Foundation
The Wolfson Assessment Centre
Mecklenburgh Square Gardens
Dental Hosp. & Institute
St. Andrew's Gdns.
Mount Pleasant Sorting Office
Finsbury Health Centre
London Metropolitan Archives
Clerkenwell Green
Clerkenwell Rd.
Theobald's Road
Gray's Inn Road
Gray's Inn Gardens
Gray's Inn
Gray's Inn Church
Holborn
Farringdon
Farringdon Road
Charterhouse
Hatton Garden
Leather Lane
St. Etheldreda
Southampton Row
Bloomsbury Square
Cochrane Th.
St. Martin's Coll. of Art & Design
High Holborn
Holborn Circus
Chancery Lane
Staple Inn
Patent Office
Sir John Soane's Museum
Lincoln's Inn Fields
Lincoln's Inn Hall
Royal Coll. of Surgeons
Kingsway
Town Hall
Freemasons Hall
New London Theatre
Moorfds. Eye Hosp.
Drury Lane
Drury Lane Theatre
Royal Opera House
Bow St. Court
London Film Mus.
London Transport Museum
Covent Garden
St. Paul's Covent Garden
Jubilee M.H.
Africa Centre
Aldwych
Aldwych Th.
Novello Th.
Bush House
Lyceum Th.
Courtauld Gallery
Hermitage Rooms
St. Mary-le-Strand Church
Somerset House
Royal Courts of Justice
St. Clement Danes
Strand
Fleet Street
Middle Temple Hall
Temple Church
The Temple
Inner Temple
Middle Temple Gardens
Inner Temple Gardens
Temple Chambers
King's College Library
Dr. Johnson's House
St. Dunstan-in-the-West
St. Bride
Crypt Museum
Ludgate Circus
New Bridge Street
Farringdon Street
Blackfriars
Victoria Embankment
Temple
Temple Pier
St. Katharine
H.Q.Sth. Wellington
H.M.S. President
Blackfriars Millennium Piers
Blackfriars Bridge
River Police
Queen Mary
Savoy Pier
Cleopatra's Needle
Victoria Embankment Gardens
Savoy Th.
Vaudeville Th.
Adelphi Th.
Charing Cross
Charing Cross Station
Embankment
Embankment Pier
Playhouse Th.
Northumberland Ave
Golden Jubilee Bridge
Waterloo Bridge
King's Reach
Stamford Wharf
Oxo Tower
H. M. Customs
Bernie Spain Gds.
London Television Centre
National Theatre
Queen Elizabeth Hall
Purcell Room
Hayward Gallery
Royal Festival Hall
Festival Pier
South Bank
Southbank Centre
Upper Ground
Stamford Street
King's College (Waterloo Campus)
Peabody Estate
Christ Church
Hatfields
Blackfriars Road
IMAX
St. John's the Evang.
St. Patrick
Schiller Int. Uni.
Waterloo East Sta.
Southwark
The Cut
Young Vic Th.
Waterloo
Waterloo International
Jubilee Gardens
London Eye
Saatchi Collection
Waterloo Millennium Pier
Whitehall Stairs
Hispaniola
PS Tattershall Castle
Ministry of Defence
Whitehall

LONDON

DIE AUTORIN

Petra Sparrer ist als freie Journalistin, Reisebuchautorin, Lektorin und Projektmanagerin für Verlage sowie als Übersetzerin aus dem Französischen und Englischen im eigenen Redaktionsbüro in Köln tätig. Für den VISTA POINT Verlag verfasste sie neben London weitere Reiseführer wie z. B. Brüssel sowie Brügge, Antwerpen und Gent, Frankreich.

www.vistapoint.de

Inhalt

Chronik

Service von A bis Z und Sprachführer

Zeichenerklärung

Top 10
Das müssen Sie gesehen haben

Mein London
Lieblingsplätze der Autorin

Vista Point
Museen, Galerien, Architektur und andere Sehenswürdigkeiten

Kartensymbol: Verweist auf das entsprechende Planquadrat der ausfaltbaren Karte bzw. der Detailpläne im Buch.

Willkommen in London

London ist eine der größten und aufregendsten Hauptstädte Europas. Die multikulturelle Weltstadt macht schnell euphorisch und atemlos. Besucher sollten aufpassen, dass es ihnen nicht wie Virginia Woolf ergeht. Die Schriftstellerin bezeichnete London als *passion of my life* (»Leidenschaft meines Lebens«). Sie liebte es, Tag und Nacht ruhelos durch die Straßen zu ziehen und sich von den Möglichkeiten ihrer Stadt verführen zu lassen. So sehr, dass ihre Ärzte ihr rieten umzuziehen, denn ihre Gesundheit und geistige Ausgeglichenheit seien gefährdet – was sie nicht tat.

Nicht viel anders werden sich die Kellerkinder des Rock 'n' Roll von Chelsea und Belgravia gefühlt haben – die Beatles, Rolling Stones, Eric Clapton, The Who, Pink Floyd und viele mehr, die im »Swinging London« der 1960er Jahre die konservative Welt mit ihrer Musik zum Wackeln brachten. Der King's Boulevard war in der bewegten Zeit der Blumenkinder Dreh- und Angelpunkt des szenigen London. Später entwickelte er sich mit der Boutique von Vivienne Westwood und mit Sid Vicious, der um die Ecke lebte, zur Wiege des Punk. Fest steht: Die inzwischen bevölkerungsreichste Stadt Europas setzte auch früher schon kreative Trends in Musik, Kunst und Mode.

Besucher staunen nicht nur in der Metro über das multikulturelle London mit vielen Immigranten aus dem Commonwealth. In Bestform präsentiert es sich beim Karneval von Notting Hill. Auch in der Küche der britischen Metropole vermischen sich vielfältige kulturelle Einflüsse. Das Finanzzentrum des Landes stellt in seiner Architektur und seinen Schaufenstern großen Reichtum zur Schau und verführt wie kaum eine andere Stadt zum Shoppen.

Günstig essen, individuell einkaufen und Modetrends entdecken – das ist insbesondere auf Londons Märkten möglich. Zu den schönsten zählen der Borough Market, Brick Lane und Spitalfields Market sowie Portobello Market.

Die trubeligen Straßen um Piccadilly Circus, das aristokratische St. James's und immer höhere Wolkenkratzer kontrastieren mit gemütlichen, nahezu dörflichen Vierteln wie Marylebone, Bloomsbury oder Primrose Hill. Kunstliebhaber verlockt London zum Kunstgenuss ohne Ende, denn der Eintritt in die National Gallery, Tate Modern, Tate Britain und andere staatliche Museen ist, abgesehen von Sonderausstellungen, gratis. Installationen und neue Künste werden im Switch House, der Erweiterung der Tate Modern in Szene gesetzt. London Eye, Westminster Abbey und hochkarätige Wechselausstellungen zählen zu den Besuchermagneten. Viel Spaß bei entdeckungsreichen Streifzügen!

Die neogotischen Houses of Parliament erstrecken sich über einen Viertelkilometer entlang der Themse

Top 10: Das müssen Sie gesehen haben

1 Tower of London
S. 8 ff., 37, 66 ➡ F12/13

Die Festung am Ende der Tower Bridge ist Schauplatz der bewegten britischen Geschichte. Die Beefeater, die noch heute im Tower wohnen, machen spannende Führungen.

2 Tate Modern und Tate Britain
S. 8, 12 f., 33, 35 f., 50, 53, 75 ➡ F/G9/10, südl. J6

Mit einer Bootsfahrt über die Themse lässt sich ein Besuch der beiden Tate Galleries verbinden. Tate Modern setzt Trends für zeitgenössische Kunst; Tate Britain ist dank William Turner und anderer britischer Landschaftsmaler berühmt.

3 St. Paul's Cathedral
S. 13, 43, 50 ➡ E10

Sir Christopher Wrens Meisterwerk ist das Schmuckstück am Themseufer und wird abends bezaubernd angestrahlt.

4 London Eye
S. 14 f., 41, 66 ➡ G7

Eine Fahrt mit dem Riesenrad bietet einen tollen Panoramablick über ganz London, über Big Ben, Westminster Abbey und die Houses of Parliament.

5 Houses of Parliament und Big Ben
S. 15, 40 f. ➡ H6

Der Glockenturm des britischen Parlamentsgebäudes ist das Wahrzeichen Londons. Bei Parlamentssitzungen dürfen interessierte Besucher in den Houses of Parliament Mäuschen spielen.

6 Westminster Abbey
S. 16, 44 f. ➡ H6

Seit 1066 Wilhelm der Eroberer hier gekrönt wurde, ist dies die bedeutendste Kirche Großbritanniens.

7 The National Gallery
S. 17 f., 33, 50 ➡ F6

Absolutes Highlight für Kunstliebhaber am Trafalgar Square: eine der bedeutendsten Gemäldegalerien für europäische Kunst vom 15. bis zum 20. Jahrhundert.

8 Buckingham Palace
S. 20, 38 f., 66 ➡ H4

Ein Hingucker ist die Wachablösung vor dem Königspalast zwischen den grünen Oasen Green Park und St. James's Park.

9 Hyde Park
S. 20 f., 69 f. ➡ F/G1/2

Londons grüne Lunge mit einem kleinen See und der Speakers' Corner bietet Sommerflair und Erholung vom Sightseeing.

10 British Museum
S. 23, 28 f. ➡ D6

Ein Streifzug durch die Kulturen der Welt mitten in Bloomsbury, im Museum mit dem lichtdurchfluteten, von Sir Norman Foster spektakulär überbauten Innenhof.

Mein London
Lieblingsplätze der Autorin

Liebe Leser,

dies sind einige besondere Orte dieser Stadt, an die ich immer wieder gern zurückkomme. Eine schöne Zeit in London wünscht Ihnen

Petra Sparrer

Aqua Shard und Oblix
S. 10, 43, 52, 55, 56 f. ➡ G11
Das Aqua Shard (Bar, 3. Stock) und das Oblix (32. Stock) im Wolkenkratzer The Shard bieten einen herrlichen Blick – besonders abends.

Somerset House mit Courtauld Gallery
S. 14, 29 f. ➡ F7
Villa und Innenhof sind Schauplatz für kulturelle Events. Ein Highlight ist die Sammlung der Courtauld Gallery im Nordflügel. Caféterrassen in der Nähe.

Ceviche
S. 22, 23, 52 ➡ E5
Im Restaurant Ceviche das gleichnamige peruanische Gericht nach dem Rezept der Großmutter probieren, dazu einen Pisco Sour trinken und dann durch die Straßen von Soho schwärmen.

Brick Lane
S. 27, 50, 65 ➡ C/D13
Kultig und entdeckungsreich am Wochenende: der quirlige Markt, Street Art in den Seitengassen und Kunstgalerien in der Old Truman Brewery.

Muriel's Kitchen
S. 54 ➡ aD5
Die Bäckerei mit Feinkostprodukten nach Großmutters Art ist nach einer Museumstour durch South Kensington der charmanteste Ort, den man sich vorstellen kann.

Vom Tower of London bis zum Trafalgar Square

Vormittag
Tower of London – Tower Bridge – City Hall – The Shard – Borough Market – Bermondsey Street – Southwark Cathedral – Golden Hinde – Clink Prison Museum – Globe Theatre – Tate Modern.

Mittag
Restaurant in der Tate Modern ➡ F10
Bankside, Switch House (9. Stock) ✆ (020) 78 87 88 88
Lunch tägl. 12–15 Uhr, Fr/Sa geöffnet bis 22 Uhr
Im sechsten Stock (Kitchen und Bar) und im modernen Restaurant (9. Stock des Erweiterungsbaus) mit tollem Blick auf London. £–££

Nachmittag
Millennium Bridge – St. Paul's Cathedral – Royal Courts of Justice – Temple Church – Somerset House – Southbank Centre – London Eye – Houses of Parliament – Westminster Abbey – Cabinet War Rooms – Banqueting House – Trafalgar Square.

Der Spaziergang beginnt am ❶ **Tower of London** ➡ F12/13, der hinter Panzerglas die mit funkelnden Edelsteinen besetzten britischen Kron-

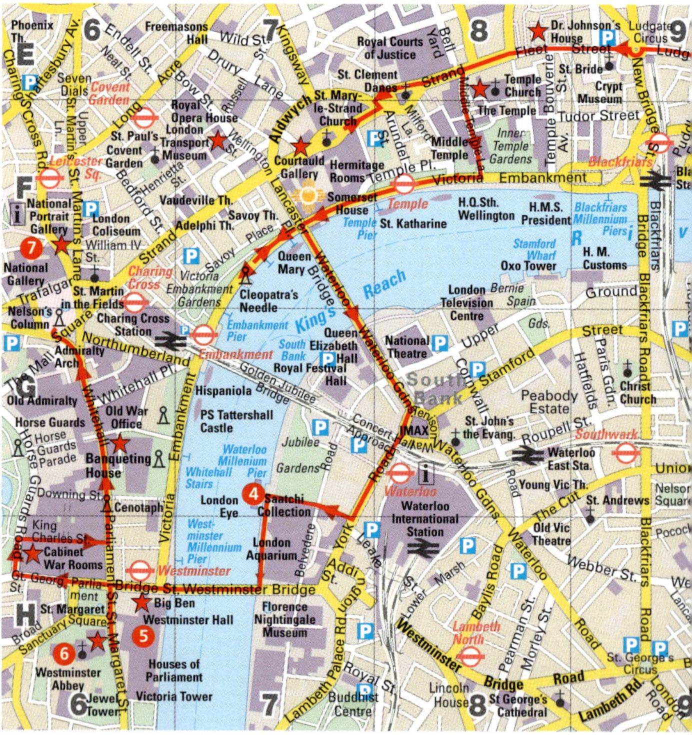

So mancher Gefangene wurde hier vom Leben in den Tod befördert: der Tower of London

juwelen birgt. Das Londoner Wahrzeichen und UNESCO-Weltkulturerbe zieht alljährlich an die drei Millionen Besucher in seinen Bann, denn es hat eine bewegte Geschichte: Der Tower diente als Gefängnis, dessen gelehrte Insassen eindrucksvolle Graffiti an den Wänden hinterließen,

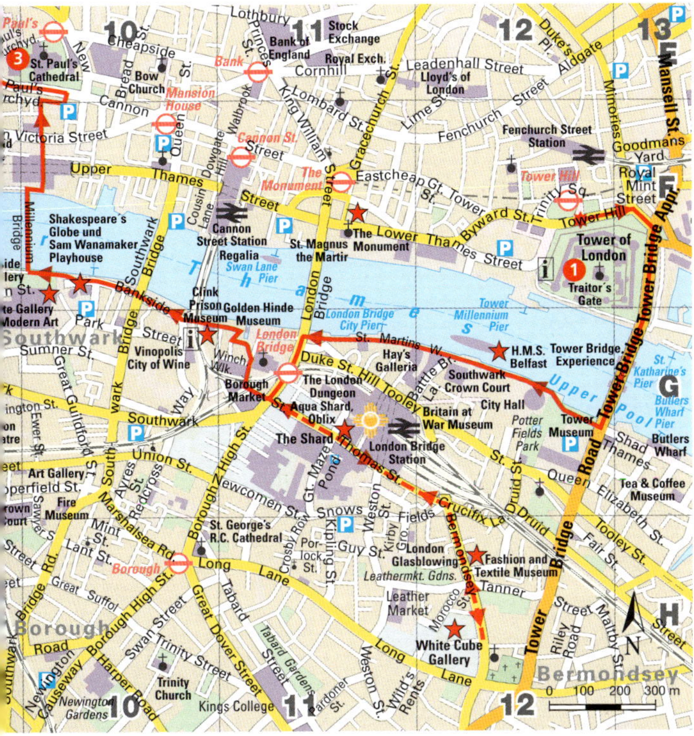

als königliche Münzprägestätte, als Lager für Waffen und Karten, als Kaserne zur Bekämpfung von Aufständen, als Militärkrankenhaus und als Zoo. Elefanten, Affen, Grizzlybären und afrikanische Wildtiere waren bis ins 19. Jahrhundert in der Tower-Menagerie zu bestaunen.

Wilhelm der Eroberer ließ 1078 die erste Festung zunächst aus Holz über römischen Grundmauern von Londinium errichten. Als Schloss von Eduard I. bestand der Tower im 13. Jahrhundert aus drei Festungsringen. Ganz innen steht der älteste Teil: der White Tower, die weiß gekalkte, frühmittelalterliche Königsresidenz, in der heute eine Waffenausstellung zu sehen ist. Links dahinter in den Waterloo Barracks liegt das Jewel House, die Schatzkammer der Monarchie. Der äußere Ring des Towers hat sechs Türme und zwei Bastionen und seine Gesamtfläche nimmt 7,3 Hektar ein. Vom Herrschersitz wurde der Tower zum Gefängnis und um den berüchtigten Bloody Tower, in den die Söhne Eduards IV. von ihrem eigenen Onkel Heinrich III. gesperrt wurden, ranken sich viele grausame Geschichten. Auf dem Tower Green ließ Heinrich VIII. seine beiden Gattinnen Anne Boleyn und Catherine Howard köpfen.

Mit der Schlüsselzeremonie (Ceremony of the Keys) um sieben Minuten vor 22 Uhr werden im Tower allabendlich alle Tore abgeschlossen. Touristen dürfen nach rechtzeitiger Voranmeldung zuschauen.

Steht man am Kopf der Brücke seitlich vor dem Tower, schaut man auf die Mauer des vom ehemaligen Burggraben gesäumten äußeren Festungsrings. Dahinter funkeln die dreieckigen und rautenförmigen Glasbausteine des markanten, 44-stöckigen Wolkenkratzers 30 St Mary Axe. Das Pendant zum Torre Agbar in Barcelona, an dem Sir Norman Foster mitwirkte, nennen die Londoner **The Gherkin** ➡ E12 (»Die Essiggurke« oder »Das Gürkchen«).

Die berühmte **Tower Bridge** ➡ G13 führt an das Südufer der Themse. Stadtbaumeister Horace Jones errichtete die Straßen- und Klappbrücke im viktorianisch-gotischen Stil. Sie ist 244 Meter lang und hat zwei 65 Meter hohe Türme, die durch zwei verglaste Stege – 42 Meter über dem Fluss – verbunden sind. Als die Brücke 1894 eingeweiht wurde, galt sie als technisches Meisterwerk. Ihre beiden Teile lassen sich bis zu einem Winkel von 83 Grad so weit aufklappen, dass ein großes Schiff passieren kann. Früher geschah dies hydraulisch, heute elektrisch. Wer zurückschaut, sieht rechts am Nordufer den Yachthafen vor den denkmalgeschützten Magazin- und Speicherhäusern der St. Katherine Docks, die heute Restaurants, Pubs und Läden beherbergen.

Auf der Südseite folgt man rechts entlang der Themse dem Themse-Pfad und passiert zunächst die von Sir Norman Foster als Symbol für die Transparenz der Demokratie entworfene **City Hall** ➡ G12, seit 2002 Sitz des Rathauses. Eine 500 Meter lange Wendeltreppe führt hinauf zum sogenannten »Wohnzimmer Londons«, einer Aussichtsplattform im zehnten Obergeschoss (auch Aufzug).

Einen der besten Ausblicke über die britische Metropole bietet jedoch das 2013 eröffnete **The Shard** ➡ G11 (»Die Scherbe« bzw. »Der Glassplitter«). Das 310 Meter hohe und aus allen Richtungen von Weitem sichtbare Bürohochhaus entwarf Architekt Renzo Piano. Die Aussichtsplattform über dem 72. Stock ist kostenpflichtig, doch auch von der über einen separaten Eingang zugänglichen Restaurant- und Bar-Ebene mit **Aqua Shard** und **Oblix** ist der Panoramablick fantastisch. Gut zu sehen ist unter anderem, wie auf der anderen Flussseite im Finanzdistrikt die moderne City of London immer weiter in die Höhe wächst.

Altes und neues Wahrzeichen der City of London: die moderne City Hall von Norman Foster, im Hintergrund die viktorianische Tower Bridge

Der **Walkie-Talkie** ➡ F11 oder The Pint genannte Wolkenkratzer des Architekten Rafael Viñoly wurde 2014 nach vier Jahren Bauzeit eröffnet. Zunächst sollte er eine Höhe von 200 Metern erreichen, doch damit er die Sichtachsen zur St. Paul's Cathedral und zum Tower nicht komplett versperrt, ließen die Stadtplaner letztendlich nur eine Höhe von 160 Metern zu. Nach oben hin erweitert sich die Grundfläche der Etagen und auf dem Dach liegt der **Sky Garden**, Londons höchster »Park«. Eine große Aussichtsplattform bietet Besuchern einen weiten Blick über die Stadt. Schon vor der Fertigstellung sorgte der Bau für Schlagzeilen: Die Glasfassade reflektierte die Sonne wie ein Hohlspiegel, sodass Teile von auf der Straße geparkten Autos schmolzen und Fußmatten Feuer fingen. Im Sommer 2013 wurden auf der Straße Spiegeleier gebraten, um auf das Phänomen aufmerksam zu machen. Zum Schutz musste ein Gerüst mit einem langen Vorhang errichtet werden.

Weitere Wolkenkratzer mit sprechenden Namen sind **The Cheesegrater** ➡ E12 (»Die Käsereibe«, Leadenhall Building) vom Architekten des Lloyd's of London Richard Rogers und **The Pinnacle** ➡ E12 (Bishopsgate Tower). The Pinnacle stammt wie der **Heron Tower** ➡ E12 mit Sky Bar in 175 Metern Höhe von Lee Polisano. Der (umstrittene) Bauboom in der City of London setzt sich fort, One Undershaft bzw. The Trellis wird The Shard vielleicht bald in den Schatten stellen. Die internationalen Investoren der Wolkenkratzerlobby profitieren von der steigenden internationalen Nachfrage nach Luxusimmobilien, während für die Stadtbewohner Wohnraum immer knapper und Büroflächen teurer werden.

Von The Shard bietet sich auch eine interessante Vogelperspektive auf die U-Bahnstation London Bridge und den **Borough Market** ➡ G10/11, das nächste Ziel des Rundgangs. Londons ältester Lebensmittelmarkt, der schon im 13. Jahrhundert am Themseufer existierte, liegt unterhalb von Bahnbrücken und einem Viadukt, einem der größten Schienenverkehrsknotenpunkte der Stadt. Borough Market ist der »Bauch von London« und einer der schönsten Märkte der Stadt. Fernsehsender drehen hier Kochshows, Filmszenen aus »Bridget Jones – Schokolade zum Frühstück« und »Harry Potter und der Gefangene von Askaban« entstanden auf dem Markt. Britische Erzeuger, die etwas auf sich hal-

Borough Market, Londons ältester Lebensmittelmarkt

ten, sind auf dem Borough Market ebenso vertreten wie indische Teehändler. Die renovierte Eingangshalle im Art-déco-Stil ist von 1932. Die Säulen der 2004 errichteten neuen Halle nebenan stammen vom alten Blumenmarkt von Covent Garden.

Vom Borough Market lohnt ein Abstecher in die **Bermondsey Street** ➡ H12 mit trendigen Gastro-Pubs, netten Cafés und dem **Fashion and Textile Museum** ➡ H12. Auf dem Weg zur **White Cube Gallery** ➡ H12 kann man bei **London Glasblowing** ➡ H12 (Nr. 62–66) den Glasbläsern bei der Arbeit zusehen.

Die Bänke im Garten der **Southwark Cathedral** ➡ G11 (1220–1420) zu Füßen des Borough Market sind bei Street-Food-Fans beliebt. Die anglikanische Kirche im Stil der Gotik birgt eine Alabasterfigur von Shakespeare und auf einem Relief sind Globe Theatre und Southwark Cathedral dargestellt.

Im Themsedock um die Ecke liegt ein seetüchtiger Nachbau der **»Golden Hinde«** ➡ G11 von Sir Francis Drake, dem Piraten im Auftrag der Krone. Drake umsegelte im 16. Jahrhundert als erster Engländer in vier Jahren die Welt.

In der Clink Street erinnert das **Clink Prison Museum** ➡ G10 an die gruseligen Haftbedingungen des berüchtigten früheren Gefängnisses. In der Nähe stand auch der Palast der Bischöfe von Winchester, die das südliche Themseufer im 13. Jahrhundert verwalteten. Übrig ist nur noch eine Mauer mit einer Fensterrosette, die 1814 wieder zum Vorschein kam, als der darübergebaute Palast abbrannte.

Vorbei am **Anchor Pub** ➡ F/G10, in dem schon Shakespeare sein Ale trank, geht es weiter zum **Globe Theatre** ➡ F10, dem originalen Nachbau des Shakespeare-Theaters, ein paar Hundert Meter vom ursprünglichen Standort des früheren Theaters entfernt. 1588 präsentierte Shakespeares Truppe hier erstmals das Stück »Heinrich V.«. Und seit 1997 spielen sich die hauseigenen Ensembles des Globe Theatre mit originellen Shakespeare-Interpretationen in die Herzen der Besucher. Ergänzend zum Open-Air-Theater ermöglicht der Rundbau nebenan, das Sam Wanamaker Playhouse, eine ganzjährige Spielzeit.

Die nächste Station des Spaziergangs ist die ❷ **Tate Modern** ➡ F/G9/10. Die zeitgenössische Schwester der ❷ **Tate Britain** ➡ südl. J6 (ca.

1,6 Mio. Besucher) zieht jährlich 5,7 Millionen Liebhaber moderner Kunst an. Sie residiert seit dem Jahr 2000 in dem ehemaligen Heizkraftwerk Bankside Power Station. Das Schweizer Architektenbüro von Jacques Herzog und Pierre de Meuron setzte ein zweistöckiges Glasgeschoss auf das von Sir Giles Gilbert Scott entworfene und zwischen 1947 und 1963 entstandene fensterlose Backsteingebäude. Unterirdisch bilden zwei Öltanks aus Beton das Fundament des zehnstöckigen »Switch House«. In die oberen Stockwerke führen Rolltreppen. Durch eine Glasfensterfront blickt man hinunter in die 160 Meter lange und 35 Meter hohe Turbinenhalle. Hier sind immer wieder spektakuläre Wechselausstellungen zu sehen. Eine Brücke vom alten Teil der Tate, dem »Boiler House« führt in den pyramidenartigen Kunstturm des »Switch House«, das die Ausstellungsfläche mehr als verdoppelt hat und eine Dachterrasse mit toller Aussicht bietet. Zur Dauerausstellung zählen seit Juni 2016 Werke von 300 Künstlern aus 50 Ländern.

Die Tate Modern bietet sich auch für eine Mittagspause mit toller Aussicht an: Aus den Restaurants im sechsten und neunten Stock.

Gleichzeitig mit der Tate Modern wurde zur Jahrtausendwende auch die 325 Meter lange **Millennium Bridge** ➡ F10 fertig, die Richtung Tate Modern abrupt in der Luft stehend endet und an ein gerade gelandetes Ufo erinnert. Allerdings geriet die Fußgängerbrücke, die das Büro von Sir Norman Foster plante, so sehr in Schwingung, dass sie nach zwei Tagen gesperrt und erst 2002 nach dem Einbau von Dämpfern wieder eröffnet wurde. Die Londoner nahmen die Blamage mit Humor und nennen die Brücke bis heute gern »the wobbly bridge« (Wackelbrücke).

Das nächste Ziel ist ein Blickfang am anderen Ufer: die ③ **St. Paul's Cathedral** ➡ E10. Sir Christopher Wren ließ den prunkvollen Kuppelbau nach dem Großen Brand von 1666 ab 1675 neu errichten. In 35 Jahren Bauzeit kam der Baumeister jeden Freitag auf die Baustelle, um nach dem Rechten zu sehen. An seinem 78. Geburtstag setzte sein Sohn den Schlussstein in die Kuppel. In der Krypta ruhen der Architekt, der Duke of Wellington und Admiral Nelson. Eine Filmshow auf einer 270-Grad-Leinwand (The Oculus) bietet historische Impressionen. Ebenso lohnt der Stadtblick von der Aussichtsplattform.

Museumsdidaktik in der Tate Modern

Das London Eye kann in einer Umdrehung 800 Fahrgäste befördern – so viele wie elf rote Londoner Doppeldeckerbusse

Von St. Paul's geht es über Ludgate Hill weiter in die Fleet Street, die bis in die 1980er Jahre das Zentrum der britischen Zeitungsverlage war. Daily Telegraph, Financial Times und Daily Express waren hier ansässig, bis sie in die Docklands umzogen. In Nr. 145 liegt der **Ye Olde Cheshire Cheese Pub** ➡ E8 von 1667. Charles Dickens und Voltaire zählten zu den Gästen der urigen Taverne. Nebenan führt eine Passage zum **Dr. Johnson's House** ➡ E8, dem ehemaligen Wohnhaus des Wissenschaftlers Dr. Samuel Johnson.

Weiter geht es in Richtung der klassizistischen Kirche **St. Mary-le-Strand** ➡ F7 durch die Straße Strand, deren Umgebung einst dem Orden der Tempelritter gehörte. Wer möchte, kann in den **Royal Courts of Justice** ➡ E8 bei Gerichtsverhandlungen zuhören. Gegenüber in den vier Inns of Court werden die Rechtsanwälte ausgebildet, die vor Gericht plädieren dürfen und in den Richterstand erhoben werden können. An die Zeit der Tempelritter erinnert vor allem die **Temple Church** ➡ E8, für die die Jerusalemer Grabeskirche Pate stand. Bevor man durch die Innenhöfe zur Themse schlendert, bietet es sich an, sich bei **Twinings** ➡ E8 (216 Strand) mit der berühmten Teemarke einzudecken.

William Chambers (1723–96) errichtete 1776 an der Themse das **Somerset House** ➡ F7 im Stil einer Pariser Stadtvilla mit großem Innenhof, Schauplatz für Konzerte und kulturelle Events. Das Highlight ist die Sammlung der **Courtauld Gallery**, doch es gibt hier auch kleine Kunstgalerien, Läden, Cafés und Restaurants.

Wer möchte, kann am Themseufer weiter bis zu **Cleopatra's Needle** ➡ F7 gehen. Der 3500 Jahre alte ägyptische Obelisk, der hier seit 1878 steht, ist ein Geschenk des türkischen Vizekönigs an die Briten. Ansonsten überquert man über die Waterloo Bridge die Themse zum **Southbank Centre** ➡ G7. An der Kulturmeile ist immer etwas los und vor dem **Nationaltheater**, der **Queen Elizabeth Hall** und dem **Purcell Room** laden Caféterrassen und Restaurants mit Flussblick zum Einkehren ein.

Ein Stück weiter rechts dreht sich das Riesenrad 4 **London Eye** ➡ G7. Die Aussicht von ganz oben aus 135 Metern Höhe ist unschlagbar und die behutsame Fahrt in einer der 32 Glasgondeln auch dann ein Genuss, wenn man nicht ganz schwindelfrei ist. Das zum neuen Jahrtausend eröffnete »Millenium Wheel« symbolisiert das Rad der Zeit und ist doppelt so hoch wie das Riesenrad des Wiener Praters. Sehr schön ist u. a. der Blick auf Big Ben, die Houses of Parliament und Westminster Abbey jenseits der Westminster Bridge. Auch der Rundgang führt nun über die Brücke.

5 **Big Ben** ist der Spitzname für die große Glocke in dem 96 Meter hohen Uhrenturm des britischen Parlamentsgebäudes, der 5 **Houses of Parliament** ➡ H6. Der Turm selbst hieß bis zum 60-jährigen Thronjubiläum der Queen offiziell St. Stephen's Clock Tower, heute ist sein offizieller Name Elizabeth Tower, umgangssprachlich ist er samt Uhr häufig einfach Big Ben. Seit 1859 schlägt die 13,5 Tonnen schwere Glocke zu jeder vollen Stunde – im Moment und noch bis 2021 wegen Reparaturarbeiten allerdings nicht. Der Turm ist ein beliebtes Postkartenmotiv und eines der berühmtesten Wahrzeichen von London. Seine Uhr, immer noch die größte Großbritanniens, gilt auch als die zuverlässigste der Stadt. Der Stundenzeiger ist 2,7 Meter lang und der Minutenzeiger misst 4,25 Meter, das Ziffernblatt hat einen Durchmesser von 7,5 Metern. Brennt in der Dunkelheit noch die Lampe oberhalb der Uhr, tagt das Unterhaus noch.

Wo heute das 1860 errichtete gotische Parlamentsgebäude aus hellem Sandstein steht, trat bereits 1275 erstmals ein Parlament zusammen. Die alten Parlamentsgebäude brannten 1834 ab und ab 1840 wurde 20 Jahre lang an dem neuen Gebäude des Architekten Charles Barry gebaut. Besucher können von den Galerien aus kostenlos bei Sitzungen des **House of Lords** und des **House of Commons** und in der **Westminster Hall** zuhören. Ausländer müssen sich am Besuchereingang (Cromwell Green) anstellen. Während der *Question Time* befragen Mitglieder des Parlaments den Premierminister oder einen Minister zu wichtigen Themen. Zu dieser Zeit ist der Besucherandrang im Parlament am größten und Briten mit Eintrittskarte haben Priorität. Ausländische Besucher bekommen ohne Ticket Zutritt, wenn noch Platz ist.

Hervorstechend in der Silhouette Londons: die Türme der Houses of Parliament und von Westminster Abbey

Downing Street Nr. 10, Sitz der britischen Premierministerin

Gegenüber liegt 6 **Westminster Abbey** ➡ H6. Die 156 Meter lange, 61 Meter breite und in ihren Gewölben über 30 Meter hohe Abteikirche entstand ab 1050 und wurde in den folgenden Jahrhunderten im Stil der frühen englischen Gotik fertiggestellt. Weihnachten 1066 wurde hier Wilhelm der Eroberer gekrönt. Vor dem Eingang der mit über 300 Grabdenkmälern und mehr als 4000 Gedenktafeln bedeutendsten Kirche Londons bilden sich stets lange Warteschlangen. Gratis kommen Besucher nur bei Gottesdiensten hinein. Manchmal singt dann auch der berühmte Chor von Westminster Abbey (vgl. Website unter »choral services«), wenn er nicht gerade auf Welttournee ist; zahlreiche BBC-Aufnahmen sind immer zu kaufen. Der Chor besteht aus zwölf Erwachsenen und 30 Jungen, die in der Chorschule der Abtei ausgebildet wurden.

Geschichtsinteressierte können Richtung St. James's Park im Keller des britischen Schatzamts die **Cabinet War Rooms** ➡ H6 besichtigen. Im Zweiten Weltkrieg hatte hier Winston Churchill seine Befehlszentrale. Die bombensicheren unterirdischen Räume sind original erhalten und heutzutage zu besichtigen.

Heutige Premierminister residieren in der mit einem Gitter versperrten **Downing Street Nr. 10** ➡ G6. Im Haus Nr. 11 hat der Schatzkanzler seine offizielle Dienstwohnung. Gegenüber vom **Banqueting House** ➡ G6 in der von Ministerien gesäumten Straße Whitehall halten die königlichen **Horse Guards** Wache, ein beliebtes Fotomotiv für Touristen. Dieser Spaziergang endet am **Trafalgar Square** ➡ F/G6, der zugleich Startpunkt des zweiten Rundgangs ist.

Vom Trafalgar Square bis nach Marylebone

Vormittag
Am Trafalgar Square: National Gallery – National Portrait Gallery – St. Martin-in-the-Fields.

Mittag
Café in the Crypt
Unter St. Martin-in-the-Fields, Trafalgar Square, ✆ (020) 77 66 11 58
Lunch Mo–Sa 11.30–15, So 12–16 Uhr
In anheimelndem Ambiente werden frische Speisen serviert, auch Kleinigkeiten wie belegte Brötchen. Im Sommer bietet sich das vom selben Team betriebene **Café in the Courtyard** hinter der Kirche an. £

Nachmittag
St. James's Park – Buckingham Palace – Green Park – Hyde Park mit Speakers' Corner – Marble Arch – The Wallace Collection – Sherlock

Holmes Museum – Madame Tussauds – Regent's Park – British Library. Tipp: Die für diesen Nachmittag vorgeschlagene Strecke ist auch eine schöne Fahrradtour.

Trafalgar Square ➡ F/G6 ist Londons verkehrsumtostes Herz. In der Silvesternacht feiern die Londoner hier überschwänglich, aber auch das ganze Jahr über ist der Platz ein beliebter Treffpunkt. Rote Doppeldeckerbusse drehen ihre Runden. Vor der Freitreppe zu Füßen der National Gallery stehen oft Bühnen für Konzerte, Sportübertragungen, Kundgebungen und Werbevorführungen. Schausteller und Gaukler verdienen sich vor Publikum ein paar Pfund.

Von einer 56 Meter hohen Säule blickt **Admiral Nelson** Richtung Whitehall und Big Ben, als stünde er auf dem Mast seines Schiffs HMS Victory. Dem Nationalhelden der Seefahrt verdankt das britische Empire über ein Jahrhundert Herrschaft auf den Weltmeeren. Seine Truppen auf 27 britischen Schiffen besiegten im Jahr 1805 am Kap Trafalgar vor dem spanischen Cadiz die napoleonische Flotte aus 33 spanischen und französischen Schiffen. Lord Horatio Nelson (1758–1805) starb in der Schlacht. Sein Leichnam wurde in einem Fass Rum in die Heimat überführt und man munkelt, dass nach dieser Reise nicht viel von ihm übrig geblieben sein könne. Jedenfalls wurden seine Überreste 1806 bei einem fünftägigen Staatsbegräbnis in der St. Paul's Cathedral beigesetzt und »Britannia, rule the waves« wurde zur inoffiziellen Nationalhymne des 19. Jahrhunderts. 1842 kam Nelsons Skulptur auf den hohen Sockel. Hofmaler Sir Edwin Landseer (1802–73) schuf 1867 die vier Bronzelöwen, die ihn bewachen.

Die großen plätschernden Brunnen am Trafalgar Square sorgen seit 1939 im Sommer für eine frische Brise und sind beliebte Fotomotive. George IV., Admiral Napier und General Havelock stehen auf Podesten in drei Ecken des Platzes. Der Sockel in der nordwestlichen Ecke blieb über Jahrzehnte leer, denn die Verantwortlichen konnten sich nicht einigen, welche historische Größe hier geehrt werden sollte. Seit 1998 werden hier im Rahmen des vom Londoner Bürgermeister gegründeten, bekanntesten Kunstpreises für zeitgenössische Kunst (Fourth Plint Programme) Werke junger Künstler ausgestellt. Bis Ende 2014 symbolisierte auf dem vierten Sockel ein 4,72 Meter hoher knallblauer Hahn der Künstlerin Katharina Fritsch den Aufbruch in eine neue Ära. 2015 ersetzte das reiterlose bronzene Pferdeskelett »Gift Horse« des in New York lebenden deutschen Konzeptkünstlers Hans Haacke den Hahn. Dann deutete auf dem Fourth Plint ein Daumen optimistisch nach oben: »Really Good«, eine Skulptur von David Shrigley. Seit März 2018 ist das Remake einer vom IS zerstörten Skulptur zu sehen. »The Invisible Enemy Should Not Exist« nannte Michael Rakowitz sein Werk.

Von der Spitze der Nelson Column überwacht Admiral Lord Nelson den Trafalgar Square

Mit der 7 **National Gallery** ➡ F6 und der **National Portrait Gallery** ➡ F6 ist der Trafalgar Square eine der ersten Londoner Adressen für Kunstliebhaber. Die National Gallery zählt mit um die fünf Millionen Besuchern pro Jahr zu den meistbesuchten Museen der Welt. Das Gebäude wurde 1837 von William Wilkins errichtet und die Säulen des Portikus stammen vom ehemaligen Carlton House, einem Musterbeispiel des Regency-Stils. Es stand von 1714 bis 1825 zwischen Pall Mall und St. James's Park und war die Residenz von Georg IV., der sich später den Buckingham Palace ausbauen ließ. Carlton

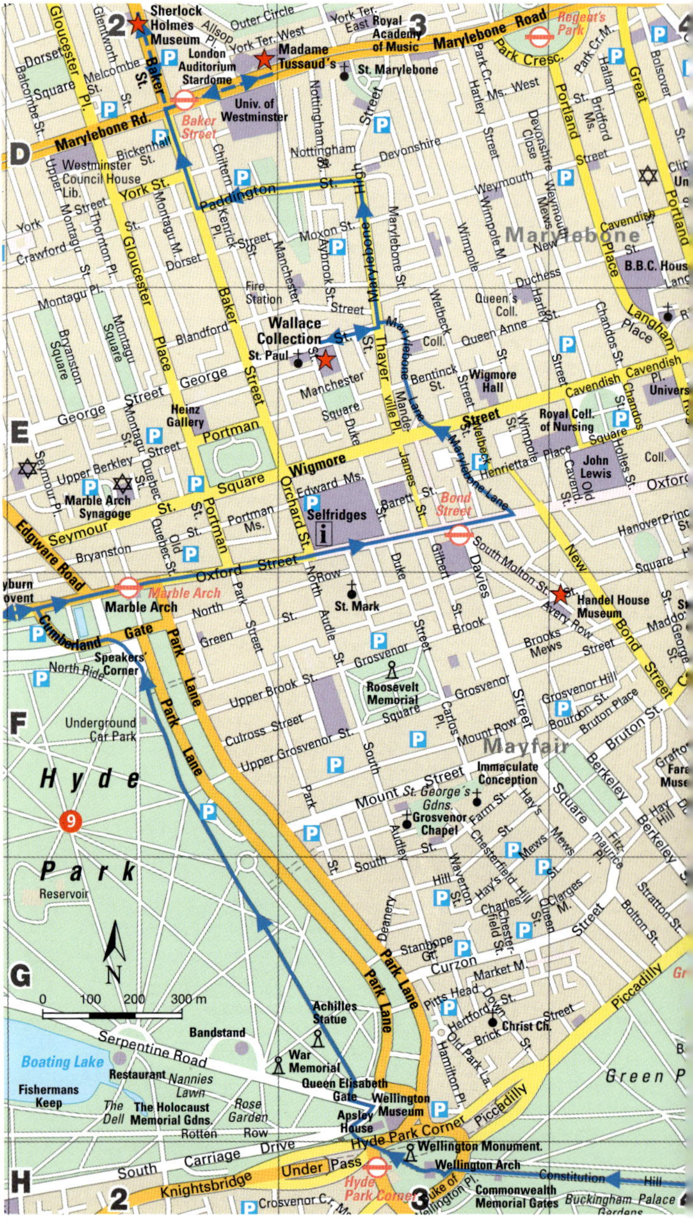

House wurde abgerissen und durch die Carlton Terraces ersetzt, so feine Adressen, dass die Mieteinnahmen dem stets verschuldeten George die Finanzierung des Palastausbaus ermöglichten.

Bevor es an der Pall Mall Richtung Buckingham Palace weitergeht, lohnt am Trafalgar Square ein Besuch der 1726 erbauten Kirche **St. Martin-in-the-Fields** ➡ F6. Die Krypta lädt mit einem großen Café zu

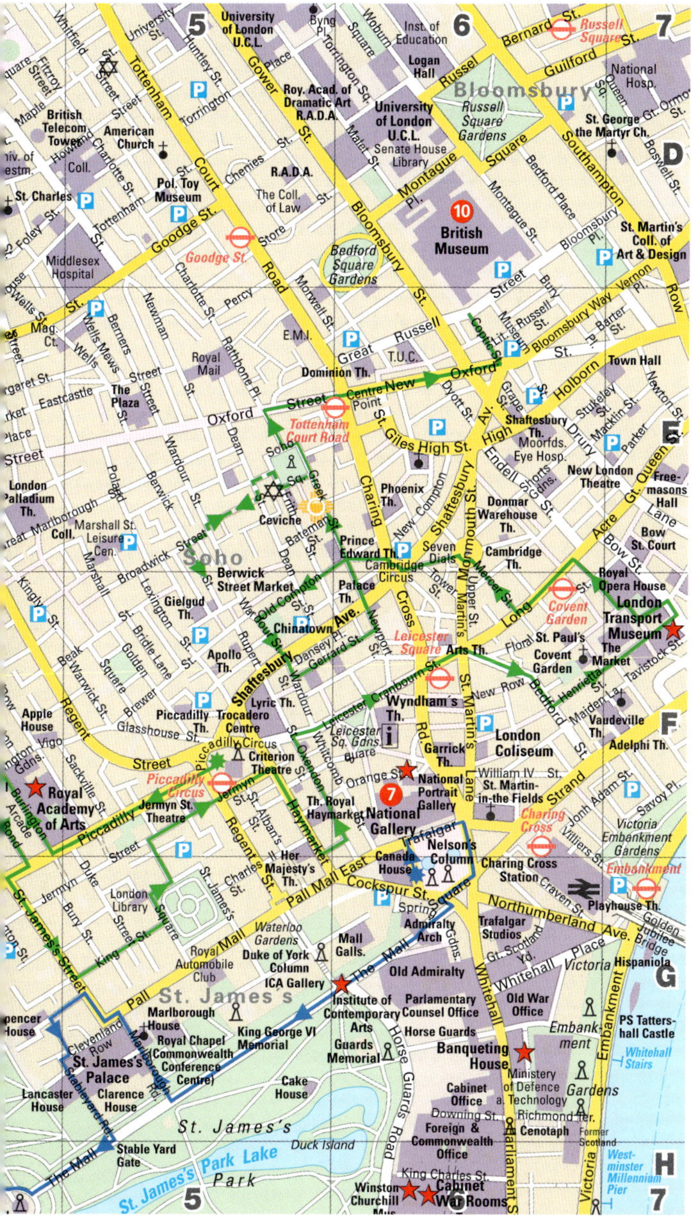

Anziehend für Einheimische wie für Touristen: Trafalgar Square, im Hintergrund links die National Gallery

einer Pause ein. Um 13 Uhr sind in der Kirche fast täglich kostenlose Mittagskonzerte zu hören und auch abends gibt es für Liebhaber klassischer Musik ein hochkarätiges Konzertprogramm.

Westlich von Trafalgar Square führt The Mall schnurgerade zum Buckingham Palace. Wer möchte, kann die weitere Tour übrigens auch gut mit dem Fahrrad machen. Direkt an dem schönen **St. James's Park** ➡ G/H5 liegen herrschaftliche Anwesen. Im **Clarence House** ➡ G5 wohnt Prinz Charles, an jedem Tag im August dürfen Besucher fünf Räume besichtigen. Das **Spencer House** ➡ G4, in dem bis 1927 die Familie von Lady Diana lebte, ist außer im Januar und August sonntags zu besichtigen.

Am Ende von The Mall, zwischen St. James's und Green Park, erhebt sich das 27 Meter hohe **Queen Victoria Memorial** ➡ H4. Die Skulptur der Monarchin umgeben allegorische Figuren. Die Londoner nennen das Denkmal aus weißem Marmor gern Wedding Cake (»Hochzeitstorte«).

Der 1703 für den Herzog von Buckingham errichtete 8 **Buckingham Palace** ➡ H4 wurde mehrmals erweitert und im 19. Jahrhundert von John Nash neu gestaltet. Hier residiert das britische Königshaus. Wenn Elizabeth II. im Haus ist, weht die Flagge mit dem königlichen Wappen auf dem Dach. Im August und September gestattet die Queen die Besichtigung einiger Zimmer, wenn sie nicht für Staatsempfänge etc. gebucht sind. Beliebt ist die Wachablösung auf dem Palastvorplatz: Das **Changing of the Guard** findet ab 11 Uhr statt (die Musik der Zeremonie ertönt bereits ab 11.15 Uhr, Tageskalender unter changing-guard.com). Von Mai bis Ende Juli kann man sie täglich erleben, ansonsten sonntags und, falls es nicht regnet, auch an zwei Werktagen. Sonntags wird The Mall für den Wachwechsel zu Pferd für den Autoverkehr gesperrt.

Wer in Londons berühmten grünen Lungen etwas Luft schöpfen und Sonne tanken möchte, läuft oder radelt über die Constitution Hill durch den **Green Park** ➡ G4 und über den Broad Walk durch den 9 **Hyde Park** ➡ F/G1/2 zur **Speakers' Corner** ➡ F2. Bis man dort ankommt, bleibt es spannende Spekulation, wer sich hier wohl gerade um Kopf und Kragen redet. Von Wahlkämpfern bis zu Verrückten ist alles möglich, denn heute hat hier jeder Rederecht, der sich auf eine Kiste oder ein Podest stellt. Lustig ging es an diesem skurrilen Ort nicht immer zu, denn bis 1783 standen hier die Galgen von Tyburn und die Verurteilten durften noch eine letzte Rede halten, bevor sie hingerichtet wurden, was viele Schaulustige anzog. Das **Benediktinerinnenkonvent Tyburn** ➡ F1 (Hyde Park 8) hat eine kleine Kapelle und stellt Reliquien aus. Hier leben heute noch Nonnen.

Changing of the Guard am Buckingham Palace

Ganz in der Nähe am Ende der Oxford Street steht **Marble Arch** ➡ F2. Den prunkvollen Torbogen aus Carrara-Marmor entwarf John Nash. Ab 1827 war der Bogen das Eingangstor für Buckingham Palace, doch 1851 wurde er von The Mall hierher versetzt. Man sagt, Elizabeth II. sei er nicht pompös genug gewesen, aber vielleicht fand die Queen ihn auch einfach nicht mehr zeitgemäß, und heute darf jeder hindurchfahren oder -schreiten.

Nach einem Zwischenstopp im Kaufhaus **Selfridges** ➡ E3 bummelt man weiter durch das gemütliche Marylebone und kann in dem kleinen Café des traditionellen Delikatessenladens **Paul Rothe & Son** ➡ E3 in der Marylebone Lane eine nette Pause einlegen. Unweit liegt die **Wallace Collection** ➡ E3, eine hochrangige Gemäldesammlung im Hertford House am Manchester Square. Das Haus, das einst dem Herzog von Manchester gehörte, gewährt auch Einblicke in Geschmack und Wohnwelten des europäischen Hochadels in der Zeit vom 17. bis 19. Jahrhundert.

In der Marylebone High Street lohnt der hübsche Buchladen **Daunt Books** ➡ D3 einen Besuch. Dann geht es weiter Richtung U-Bahnstation Baker Street. Dort ganz in der Nähe kann man sich je nach Interesse das **Sherlock Holmes Museum** ➡ D2 in der Baker Street oder **Madame Tussauds** ➡ D2 in der Marylebone Road ansehen. Nebenan lädt der **Regent's Park** ➡ B/C2/3 zum Verweilen und Entspannen ein.

Für Bibliophile und Liebhaber der Buchkunst bietet es sich an, von der Baker Street aus mit der Tube oder dem Rad noch zum Euston Square zu fahren, um sich die **British Library** ➡ B6 anzusehen. Sie wurde 1998 wegen Platzmangel aus dem British Museum in das größte Gebäude ausgelagert, das in Großbritannien im 20. Jahrhundert errichtet wurde. In einem sechsstöckigen Turm aus Glas lagert hier auch die private Büchersammlung von George III., bekannt als King's Library. Die Nationalbibliothek zählt zu den größten Bibliotheken der Welt. Auf ihrem Vorplatz stehen Skulpturen und ein Anne Frank gewidmeter Baum. Das Amphitheater ist bei schönem Wetter oft Schauplatz für Open-Air-Veranstaltungen.

Buckingham Palace, die offizielle Londoner Residenz der britischen Monarchen

Von Piccadilly Circus bis zum British Museum

Vormittag
Piccadilly Circus – Royal Academy of Arts – Burlington Arcade – St. James's Square – Theatreland – Covent Garden Market – London Transport Museum – Seven Dials – Berwick Street Market – Chinatown – Soho Square.

Mittag
Ceviche
17 Frith Street, ✆ (020) 72 92 20 40 , Lunch 12–15 Uhr
Das Restaurant des Fernsehkochs Martin Morales ist eine Londoner Institution für peruanische Traditionsrezepte mit innovativen Einflüssen. £££–£££

Nachmittag
British Museum.

Quirlig und laut geht es auf dem **Piccadilly Circus** ➡ F5 zu, Rad- und Rikschafahrer behaupten sich zwischen roten Doppeldeckerbussen. Wenn es dämmert, beginnt die Werbung an den Hauswänden zu phosphoreszieren. John Nash, Anfang des 19. Jahrhunderts der bekannteste Londoner Architekt, schuf im Auftrag von König George IV. Regent Street, Piccadilly Circus, Oxford Circus und Waterloo Place. Die Eros-Statue aus Aluminium über dem Brunnen am Piccadilly Circus, einem der beliebtesten Treffpunkte in der City, ist ein Symbol der Nächstenliebe, das 1893 dem siebten Earl of Shaftesbury zu Ehren errichtet wurde. Der Adelige hatte Suppenküchen und Schulen finanziert, um das Elend der Massen zu lindern. Der Bildhauer der beinahe nackten Figur musste sich Spott und Prüderie seiner Zeitgenossen gefallen lassen.

Von Piccadilly Circus kann man ausschwärmen, z. B. zum Shoppen in die **Regent Street** ➡ F4/5 mit dem Traditionskaufhaus **Liberty** ➡ F4 (Nr. 210), in die **Carnaby Street** ➡ F4/5 und **Oxford Street** ➡ E3/4/5.

Die Piccadilly führt zur **Royal Academy of Arts** ➡ F4, die oft interessante Ausstellungen zeigt. Nebenan liegt die imposante **Burlington Arcade** ➡ F4, eine Passage mit Glasdach, die 1819 von Lord George Cavendish errichtet wurde und fortan als architektonisches Vorbild für europäische Shoppingmalls galt. In der Nähe befinden sich **The Royal Arcade** ➡ F4 und **Old Bond Street** ➡ F4, Geschäfte von Gucchi, Cartier und Ladurée, und wenn gerade Teatime ist, kann man dies im vierten Stock des Nobelkaufhauses **Fortnum & Mason** ➡ F5 zelebrieren.

Ein Abstecher durch St. James's führt in eines der teuersten und reichsten Viertel Londons. **Jermyn Street** ➡ F/G4/5 und **St. James's Street** ➡ G4/5 sind für die elegantesten Herrenschneider und exklusivsten Juweliere

Auf dem Piccadilly Circus geht es laut und quirlig zu

der Stadt bekannt, am **St. James's Square** ➡ G5 stehen noble Stadtpaläste. Von der Straße Haymarket, in der Shaftesbury Avenue bis zum Leicester Square reihen sich in dem für seine Musicals berühmten **Theatreland** ➡ F5/6 etliche Theater mit großen Leuchtreklamen aneinander. In der Mitte des **Leicester Square** ➡ F6, einem Hotspot der Nachtclubs und Kinos, stehen Statuen von Shakespeare, Charlie Chaplin und Isaac Newton.

Vor dem Eingang zum British Museum, einem der bedeutendsten Museen der Welt

Straßenmusiker, Akrobaten und Gaukler unterhalten die meist zahlreichen Schaulustigen rund um **Covent Garden Market** ➡ F7. Die frühere Markthalle beherbergt Pubs, Restaurants und Boutiquen. In der Halle des Blumenmarkts, einem viktorianischen Gebäude von 1872, dokumentiert das **London Transport Museum** ➡ F7 die Geschichte der öffentlichen Verkehrsmittel in der britischen Metropole.

An der gemütlichen Kreuzung **Seven Dials** ➡ E6 mit einer Sonnenuhr auf einer Säule treffen sieben kleinere Straßen aufeinander. Im 19. Jahrhundert befand sich hier ein berüchtigter Slum und in der Gegend bis zur Kirche St. Giles war halb London dem Gin verfallen, was der Moralist William Hoghart in seinem Kupferstich »Gin Lane« aufs Korn nahm. Heute findet man hier nette Cafés und Läden mit individuellen britischen Marken.

Vom berühmten **Ronnie Scott's Jazz Club** ➡ E5 aus kann man sich z. B. durch das südlich an Soho angrenzende **Chinatown** ➡ F5 um die Gerrard Street treiben lassen. Hier brutzeln Enten im Schaufenster, es gibt chinesische Apotheken, Bäckereien und Supermärkte und über den Straßen mit chinesischen Toren baumeln rote Laternen. Ein paar Schritte weiter locken die Restaurants und Bars von **Soho** ➡ E/F5 in Greek Street und Frith Street. Rund um den **Soho Square** ➡ E5 mit der katholischen St. Patrick's Church und der French Protestant Church aus der Zeit der Hugenotten trafen sich jahrhundertelang Londons Bohemiens, und so ist es auch geblieben, bloß dass in Sohos aufregendem Mikrokosmos heute in trendigen Restaurants wie Burger & Lobster oder **Ceviche** ➡ E5 gegessen wird.

Alternativ ist ein Abstecher zum **Berwick Street Market** ➡ F5 (tägl. außer So 9–18 Uhr) reizvoll, auf dem Restaurantbesitzer und Bewohner von Soho bereits seit 150 Jahren einkaufen.

Nach einer Stärkung geht es über die Oxford und New Oxford Street weiter nach Bloomsbury zum 10 **British Museum** ➡ D6. Wie einen griechischen Tempel schmücken ionische Säulen und ein Giebelportal den Eingang an der Russell Street. Das neoklassizistische Gebäude ließ der Staat bis ins 19. Jahrhundert für die wachsende Sammlung immer wieder erweitern. Im Jahr 2000 machte eine Idee von Sir Norman Foster das British Museum zu einer lichtdurchfluteten Attraktion für Liebhaber moderner Architektur. Ein Dach aus einem Netz aus Glas und Stahl mit über 3300 einzelnen Glasflächen wölbt sich seither über dem Great Court (Innenhof). Weltberühmt ist das Museum für den Stein von Rosetta (Raum 4). Die dreisprachige Inschrift auf der Stele zu Ehren von König Ptolemaios V. trug dazu bei, dass Jean-François Champollion 1822 die ägyptischen Hieroglyphen entziffern konnte. Es gibt so viel zu sehen, dass man sich beinahe einen Regentag wünscht. ■

Die zweitgrößte Karnevalsshow der Welt: farbenprächtige Kostüme beim Notting Hill Carnival im August

Notting Hill und Portobello Market

Spätestens seit Julia Roberts und Hugh Grant das Viertel mit dem gleichnamigen Kinohit international berühmt machten, ist **Notting Hill** ➡ aA1 eines der teuersten Wohnviertel in London. Dabei war es noch in den 1960er Jahren wegen der ersten großen Rassenunruhen Großbritanniens berüchtigt und zeigte Wohnverhältnisse wie in einem Slum. Hippies, Drogen, Prostitution, fliegende Steine – zwischen den weißen Reihenhäusern mit Säulenreihen und schmiedeeisernen Vorgartengittern oder auf der bunten Portobello Road mit ihren gemütlichen Antiquitätenläden und Öko-Bäckereien ist das heute nicht mehr vorstellbar. Statt gekämpft wird auf den Straßen flaniert, gegessen, Geld verdient und gefeiert, besonders ausgelassen Ende August beim Notting Hill Carnival. Madonna, Kate Moss, Robbie Williams, Drehbuchautoren und Politiker trieben die Mietpreise in unermessliche Höhen.

Aber auf dem **Portobello Market**, einem der größten Flohmärkte Londons mit bis zu 1500 Händlern, können Touristen immer noch das ein oder andere Schnäppchen machen. Secondhandmode, Bücher, Platten, Keramik, Porzellan, Rahmen und Gemälde, ob Retroschick oder neue Trends, der Open-Air-Markt ist einfach *edgy* (schrill und angesagt) und besonders samstags entsprechend voll. Der Name der Straße erinnert an eine Schlacht von 1739 in Panama gegen die Spanier. Die Briten siegten und ein Bauernhofbesitzer in Notting Hill gab seinem Anwesen den Namen Porto Bello.

Auf der Portobello Road

Am **Ladbroke Grove** geht das Shopping und Ausschauhalten nach originellen Outfits in den Läden oder bei den Passanten weiter. Hier haben sich auch viele Buchläden und Musikstudios angesiedelt. Jimi Hendrix (1942–70) schlief die letzte Nacht seines Lebens im früheren Samarkand Hotel (21–22 Lansdowne Crescent). Hier sind die Häuser um versteckte Gärten gebaut, die ab und zu auch für Besucher geöffnet werden. Auf jeden Fall geöffnet ist der Garten in der Mitte des **Powis Square**. In der heute abgerissenen Halle der Kirche spielten in den 1960er Jahren Pink Floyd für die Hippie-Community. Im Tabernacle, einem Kulturzentrum in einem Rundbau an der Nordseite des Platzes, probten die Rolling Stones, The Clash und Pink Floyd.

Den Shoppingbummel über Portobello Market und Westbourne Grove kann man gut in einem der Cafés in der **Golborne Road** ausklingen lassen. Oder mit einem Kinobesuch im **Electric Cinema** (191 Portobello Rd.). Oder man streift weiter durch den Holland Park und sieht sich das viktorianische **Leighton House** an.

Von Amys Camden Town bis nach Highgate

Seit dem Tod von Amy Winehouse am 23. Juli 2011 pilgern ihre Fans zum **Camden Square**, wo die Songschreiberin und Sängerin gewohnt hat. In den Pubs von Camden Town, durch die sie gern und häufig zog, wird noch immer von ihr gesprochen. Sie war eine von hier, heißt es dann, eine von uns, die ihr Viertel mochte.

Camden ➡ bA3 ist ein Viertel für junge Nachtschwärmer. Und ein schrilles Shopping-Eldorado, wie die großen Schuhe an den Fassaden der bunten Häuser in der Camden Road verraten. Tagsüber zieht der riesige **Markt rund um Camden Lock**, die Schleuse am Regent's Canal, schrille Leute und Schaulustige an. Vor allem Vintage, Punk und Gothic ist hier angesagt. In Biergärten und auf Bänken kann man am Kanal chillen, Street Food essen und gegebenenfalls das schöne Wetter genießen. In den Hallen des **Stables Market**, ehemaligen Pferdeställen eines Hospitals für Pferde, die heute zum Flanieren und Shoppen einladen, sind rund 700 Läden und Stände untergebracht.

Die Inverness Street in Camden Town ist ganz auf Touristen eingestellt

Anfang des 19. Jahrhunderts war Camden ein Arbeiterviertel, Eisenbahn- und Fabrikarbeiter wohnten und arbeiteten hier unter eher miserablen Bedingungen und Besucher von auswärts gab es nicht. Charles Dickens erfuhr hier am eigenen Leib die Härten der Kinderarbeit in einer Fabrik und ein Teil von »Oliver Twist« spielt in Camden. Später zog das Arbeiterviertel Friedrich Engels und Sigmund Freud an. Auch George Bernard Shaw, Virginia Woolf und George Orwell wohnten hier für einige Zeit.

Street Art, Märkte und Multikulti im trendigen East End

Londons **East End** ➡ bA3 entstand mit den East India Docks bei der Stadterweiterung im 19. Jahrhundert und war von Anfang an ein proletarischer Kontrapunkt zum reichen West End. Bei den Bombenangriffen im Zweiten Weltkrieg wurden große Teile des East End zerstört. Heute ist der raue wilde Osten in Teilen gentrifiziert. Die einst vergleichsweise günstigen Mieten in früheren Fabriken mit Hinterhofambiente zogen in Scharen Künstler, Kreative, Designer und Besitzer origineller Läden an. Madonna feierte im Clubhaus mit Spa und Dachterrasse des Shoreditch House ihren 52. Geburtstag.

Wer wissen will, was in London gerade Kult ist, trifft vor den Toren des **Bahnhofs Shoreditch High Street** ➡ C12 auf gleichermaßen neugierige Schaulustige aus aller Welt. »Warning, you are now entering a Street Art Zone« ist auf einer Graffiti-Wand zu lesen. Rund um Shoreditch High Street, Rivington Street und Brick Lane fotografieren sich Touristen gegenseitig vor den Collagen, vor *stencil graffiti*, Sprüchen, Gemälden und beklebten Laternenpfählen. Einige der Street-Art-Künstler hinterlassen ihre Webadressen auf den Hauswänden, um für ihre Kunst zu werben. Sogar auf der Straße plattgetretene Kaugummis haben sie bemalt. »Das Viertel ist wie eine Open-Air-Galerie. Wenn ich durch die Straßen gehe, sehe ich täglich neue Murals«, sagt Josh Jeavons, Street-Art-Guide bei Alternative London. *Stencil*, das Sprühen über aufgeklebte Schablonen aus Pappe, Kunststoff oder laminiertes Papier, ist eine Technik, durch die der Street-Artist-Künstler Banksy aus Bristol international berühmt wurde, ohne dass jemand sein Gesicht kannte. »Banksy hat eine Welle

Unterwegs auf der Brick Lane im Londoner East End

des Individualismus im öffentlichen Raum ausgelöst«, sagt Josh. Er platzierte seine Kunst inkognito und heimlich in Museen wie dem Pariser Louvre und ist inzwischen steinreich. In Shoreditch hat er sich schon lange nicht mehr blicken lassen, aber seine Nacheiferer setzen neue Trends mit eigenen skurrilen Ideen.

Eine Attraktion: Street Art rund um den Bahnhof Shoreditch High Street

Lässig gekleidete Männer mit Bärten und Frauen mit hippen Hüten und kurzen Blümchenkleidern im Retrostil flanieren durch Shoreditch Richtung **Brick Lane** ➡ C/D13, um zwischen Plattencovern, Schirmlampen und kultigen Memorabilien der 1970/80er Jahre zu stöbern. Samstags und sonntags verwandelt sich die Straße, die im Mittelalter ein Zentrum der Ziegelherstellung und seit Anfang des 19. Jahrhunderts fest in der Hand der Inder und Bengalen war, in einen quirligen Straßenmarkt. »Beigel Bake«, Londons älteste Beigel-Bäckerei von 1855, erinnert an die jüdischen Flüchtlinge, die sich in der Straße ansiedelten. Monica Ali beschreibt in ihrem Bestseller »Brick Lane«, wie das Leben der Immigranten hier früher war. Einige indische Restaurants und Geschäfte mit Stoffen und Teppichen aus Bangladesch sind zwar noch erhalten, doch die Konkurrenz ist groß.

Konzerte, Kunstausstellungen, Performances, Direktverkauf und Fashion-Shows: Die **Old Truman Brewery** ➡ D13, deren Hallen in den 1660er Jahren elf Hektar an beiden Seiten der Brick Lane einnahmen und die ihre Produktion 1988 einstellte, ist ein Dreh- und Angelpunkt der Kreativszene. Auch Nachtschwärmer kommen in Scharen, und zwar zum Feet East Nightclub. Wer in den Flohmarkthallen und im Plattenladen Rough Trade genug gestöbert hat, geht ein paar Schritte weiter zum **Old Spitalfields Market** ➡ D12/13. Neue Restaurantketten, Design- und Lifestyleboutiquen säumen die hohe und weitläufige viktorianische Markthalle aus dem 17. Jahrhundert. Der Markt ist schicker und teurer als der Brick Lane Market. Man kann hier Sushi essen, zum Friseur gehen, traditionelle Hüte oder Lederstiefel kaufen. Der bunte **Petticoat Lane Market** ➡ E12 in der gleichnamigen kleinen Straße dahinter hat nur bis 14 Uhr geöffnet und ist eher die Variante für weniger Betuchte.

Sonntags (bis 14 Uhr) sollte man sich den **Columbia Road Flower Market** ➡ B13 nicht entgehen lassen. Hier tummeln sich Hipster, Londoner und Touristen, denn neben Blumensträußen und Topfpflanzen kann man in den Läden viele individuelle Dinge kaufen (auch Samstag geöffnet). Delikatessengeschäfte und nette Cafés (u. a. im Stadtbauernhof Hackney City Farm, 1 A Goldsmith Row) sowie der traditionelle Süßwarenladen Suck & Chew zählen zu den Highlights. Nach einem Bummel über die multikulturelle **Bethnal Green Road** ➡ C12/13 kann man sich in dem hübschen **Museum of Childhood** ➡ bA3 in die Kindheit zurückversetzen lassen. Die historischen Spielsachen und Exponate rund um das Thema Kindheit gehören zur Sammlung des Victoria & Albert Museums, wurden aber aus Platzmangel ausgegliedert. Spielzeugsoldaten, Teddybären, Puppen und Puppenhäuser begeistern nostalgische Herzen. ■

Museen und Galerien, Architektur und andere Sehenswürdigkeiten

Staatliche Museen sind bis auf einige Wechselausstellungen kostenlos. **Kinder** (in der Regel bis 5 Jahre) haben bei den meisten Sehenswürdigkeiten in Begleitung eines Erwachsenen freien Eintritt, manchmal auch **Jugendliche** bis 16 Jahre, ansonsten erhalten diese eine Ermäßigung. Der ermäßigte Preis wird hier als zweiter Preis genannt. **Senioren** ab 60 Jahre und **Studenten** zahlen häufig einen Eintrittspreis, der zwischen dem vollen und dem ermäßigten liegt.

Online sind Ticket und Kombitickets oft billiger. Herrscht großer Andrang wie für das London Eye und The Shard sind die Tickets auf ein Zeitfenster begrenzt.

Mit dem Erwerb des **London Pass** (vgl. S. 78) erhält man kostenlosen Eintritt zu über 60 Attraktionen.

Letzter Einlass in Museen und anderen Einrichtungen ist zumeist eine halbe bis eine Stunde vor dem Ende der Besuchszeit.

Jedes Jahr Mitte Mai laden die **Museumsnächte** mit vielen Events zu einem Museumsmarathon ein.

Museen und Galerien

British Library ➡ B6
96 Euston Rd.
London Overground, Northern Line: Euston Square
✆ (019 37) 54 60 60, www.bl.uk
Mo–Do 9.30–20, Fr 9.30–18, Sa 9.30–17, So 11–17 Uhr, Ausstellungen tägl. bis 18, Di bis 20 Uhr
Eintritt frei, British Library Tour £ 10/8
Der öffentliche Lesesaal der British Library hat 1200 Schreibtischplätze. Ein Pflichtexemplar aller Druckwerke aus Großbritannien und Irland wird hier gelagert. Zu den Highlights gehören u. a. die Tagebücher von Leonardo da Vinci, Virginia Woolf und James Joyce sowie das Originalmanuskript des »Beowulf« und Werke der frühen Buchmalerei. Neben Notenschriften, Audio-Dokumenten und historischen Karten besitzt die Bibliothek auch die Gemälde, Möbel und Skulpturen der früheren Ostindien-Kompanie. Die Bibliothek zeigt regelmäßig Sonderausstellungen und die **Sir John Ritblat Gallery** 200 ausgewählte Highlights der Buchkunst. Eine Leihbibliothek ist die British Library nicht.

Wer Bücher ausleihen möchte, kann dies in der **London Library** (14 St. James's Sq., www.londonlibrary.co.uk) tun.

In der British Library gehütet: Miniatur der mittelalterlichen Handschrift »Rochester Bestiary«

10 British Museum ➡ D6
Great Russell St.
Central, Piccadilly Line: Holborn
✆ (020) 73 23 81 81
www.britishmuseum.org
Ausstellung: tägl. 10–17.30, Fr bis 20.30 Uhr, Great Court: tägl. 9–18, Fr bis 20.30 Uhr
Eintritt frei
1753 schenkte der Wissenschaftler und Arzt Sir Hans Sloane seine

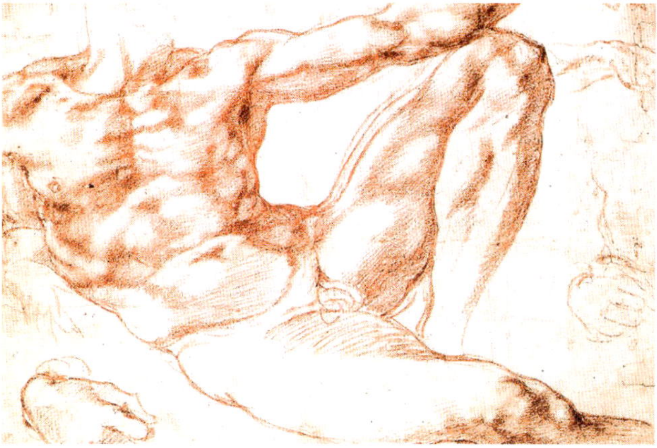

Exponat des British Museum: Michelangelos Studie für den Adam in der Sixtinischen Kapelle (um 1510)

Literatur- und Kunstsammlung, damals eine Art Kuriositätenkabinett, dem britischen Staat. Das war die Geburtsstunde des British Museum. Über 5 Mio. Besucher im Jahr kommen in den spektakulären Bau, der heute die größte Sammlung alter ägyptischer Kunst außerhalb von Ägypten beherbergt, insgesamt über 7 Mio. Ausstellungsstücke aus 2 Mio. Jahren Geschichte aus aller Welt. Marmorreliefs, die zum Skulpturenschmuck der Akropolis von Athen (»Elgin Marbles«, Raum 18) gehörten und die Cella des Parthenon umgaben, zählen zu den bekanntesten Museumsschätzen und das Akropolismuseum in Athen bat bereits um die Rückgabe.

Das 2014 eröffnete **World Conservation and Exhibitions Centre** (Führung € 10/8) bietet Räume für Wechselausstellungen und zur Lagerung der Museumsbestände sowie Einrichtungen für Wissenschaftler. Auch der Reading Room, in dem Karl Marx jahrelang am »Kapital« schrieb, wird für Ausstellungen genutzt.

An den Ticketschaltern im Great Court gibt es kostenlose Übersichtspläne. Die Website präsentiert Tourenvorschläge und einen Zeitplan der täglichen kostenlosen Führungen zu verschiedenen Themen (jeweils ca. 30–40 Min.).

Charles Dickens Museum ➡ C7
48 Doughty St.
Piccadilly Line: Russell Square
✆ (020) 74 05 21 27
www.dickensmuseum.com
Tägl. außer Mo 10–17, letzter Einlass 16 Uhr, Eintritt £ 9.50/4.50
Gartencafé Di–So 10–16.30 Uhr
In Kooperation mit London Walking Tours (vgl. S. 82) starten an Ausgang 1 der Station Chancery Lane Spaziergänge auf Dickens Spuren (90 Min., Ticket £ 10)
Charles Dickens (1812–70) lebte 1837–39 in diesem Haus. Das Museum ist viktorianisch eingerichtet und stellt Manuskripte, Gemälde und persönliche Dinge des Schriftstellers aus. Er schrieb hier u. a. seinen zweiten Roman »Oliver Twist«. Wechselnde Ausstellungen und Events.

Courtauld Gallery ➡ F7
Somerset House, Strand
Circle, District Line: Temple
✆ (020) 78 48 27 77
www.courtauld.ac.uk
Tägl. 10–18 Uhr
Eintritt £ 8, bis 17 J. frei

Werke von Pieter Bruegel d. Ä., Michelangelo, Albrecht Dürer, Leonardo da Vinci, Peter Paul Rubens, aber auch der Impressionisten und Postimpressionisten gibt es in dieser Galerie im Nordflügel des Somerset House zu entdecken. Sie stammen u. a. aus dem Nachlass des Textilfabrikanten Samuel Courtauld (1865–1947) und gehören heute der Universität. Im Untergeschoss gibt es ein nettes Café.

In den anderen Flügeln des im 18. Jh. von Sir William Chambers (um 1723–96) nach dem Vorbild von Andrea Palladio (1508–80) gestalteten **Somerset House** gibt es weitere Cafés und Galerien. Letztere sowie der große Innenhof mit Springbrunnen sind oft Schauplatz für kulturelle Events. Im August Open-Air-Kino (Film4 Summer Screen).

Dr. Johnson's House ➡ E8
17 Gough Sq.
Central Line: Chancery Lane
✆ (020) 73 53 37 45
www.drjohnsonshouse.org
Tägl. außer So 11–17.30, Okt.–April bis 17 Uhr
Eintritt £ 7/3.50
Gemäldesammlung, Einrichtung und Bibliothek in dem über 300 Jahre alten großzügigen Stadthaus sind Zeitdokumente aus dem Leben des Wissenschaftlers Dr. Samuel Johnson. Er arbeitete hier 1748–59 an dem berühmten Standardlexikon »English Dictionary«. Auch Lesungen und Konzerte.

Fashion and Textile Museum ➡ H12
83 Bermondsey St.
Jubilee, Northern Line: London Bridge
✆ (020) 74 07 86 64
www.ftmlondon.org
Di–Sa 11–18, Do bis 20, So 11–17 Uhr, Eintritt £ 9.90/7, bis 11 J. frei
Wechselnde Ausstellungen zu Mode und Schmuck in einem Gebäude des mexikanischen Architekten Ricardo Legorreta (1931–2011). Auch Workshops, Events.

Freud Museum ➡ bA3
20 Maresfield Gardens
Jubilee, Metropolitan Line: Finchley Road
✆ (020) 74 35 20 02
www.freud.org.uk
Mi–So 12–17 Uhr
Eintritt £ 7/5, bis 11 J. frei
Allein wegen der Originalcouch des Psychoanalytikers Sigmund Freud (1856–1939) ist das Museum eine Pilgerstätte. Freud lebte ab 1938 hier, nachdem er vor den Nationalsozialisten aus Österreich geflohen war. Bis 1982 bewohnte seine Tochter Anna das Haus mit wertvollen österreichischen Biedermeiermöbeln für 44 Jahre. Rund 2000 Exponate stammen aus der Antiquitätensammlung von Sigmund Freud, der sich auch eine riesige Bibliothek anlegte.

Handel House ➡ F4
25 Brook St.
Central, Jubilee Line: Bond Street
✆ (020) 74 95 16 85
www.handelhendrix.org
Tägl. außer So 11–18 Uhr
Eintritt Handel und Hendrix £ 10/5
Georg Friedrich Händel lebte von 1723 bis zu seinem Tod 1759 in diesem Haus in Mayfair, wo er u. a. den »Messias« komponierte. Auf drei im gregorianischen Stil restaurierten Etagen sind u. a. Händels Probe- und Kompositionsraum sowie das Schlafzimmer zu sehen. Memorabilien, Möbel, Musikinstrumente und Gemälde aus Händels Sammlung – u. a. von Opernsängern. Ab und zu Events und Konzerte, ebenso in Nr. 23 nebenan, wo 1968/69 der Rockgitarrist **Jimi Hendrix** wohnte.

ICA Gallery ➡ G6
The Mall, St. James's
Bakerloo, Piccadilly Line: Piccadilly Circus

Wie sich die Londoner im 19. und 20. Jahrhundert fortbewegten, präsentiert das London Transport Museum

✆ (020) 79 30 36 47
www.ica.art
Tägl. außer Mo 11–23 Uhr, Ausstellungen tägl. außer Mo 11–21 Uhr, Eintritt £ 1
Das Institute of Contemporary Arts, 1946 von einer Künstlergruppe um Roland Penrose, Peter Watson and Herbert Read gegründet, stellt Gegenwartskunst aus. Es lohnt auch wegen der kulturellen Events und der Filme im Programmkino vorbeizuschauen.

Jewish Museum London ➡ A4
129–131 Albert St.
Northern Line: Camden Town
✆ (020) 72 84 73 84
www.jewishmuseum.org.uk
Tägl. 10–17, Fr nur bis 14 Uhr
Eintritt £ 8.50/4
Eine ständige Ausstellung informiert zur Geschichte und Kultur der Juden in Großbritannien. Zudem zeigt das Museum regelmäßig Wechselausstellungen.

Leighton House ➡ bA2
12 Holland Park Rd.
Bus 9, 10, 27, 28: Kensington High Street/Earl's Court Road
✆ (020) 76 02 33 16, www.rbkc.gov.uk (Leisure and Culture)
Tägl. außer Di 10–17.30 Uhr, Führungen Mi, So 15 Uhr im Eintritt enthalten, Eintritt £ 9/7, bis 12 J. frei
Lord Leighton (1830–96), Künstler und Präsident der Royal Academy, ließ sich im 19. Jh. ein extravagantes viktorianisches Haus errichten. Besonders sehenswert ist die Arabische Halle mit goldener Kuppel. Für Kunstliebhaber empfiehlt sich im Anschluss der Besuch des nahen Sambourne House (siehe dort).

London Transport Museum ➡ F7
Covent Garden Piazza
Piccadilly Line: Covent Garden
✆ (020) 73 79 63 44
www.ltmuseum.co.uk
Tägl. 10–18 Uhr
Eintritt £ 17.50, bis 17 J. frei
Die Dampflokomotive Nr. 23, die einzige, die von der ersten U-Bahn der Welt erhalten blieb, Trolleybusse, Straßenbahnwagen, rote Doppeldeckerbusse sowie Poster, Uniformen und Filmdokumentationen begeistern vor allem auch Kinder.

Madame Tussauds ➡ D2
Marylebone Rd.
Bakerloo, Circle, City, Jubilee, Metropolitan Line: Baker Street
✆ (08 71) 894 30 00 (Tickets)
www.madametussauds.com
Tägl. 9.30–17 bzw. 9–18/19/20 Uhr
Eintritt £ 29/24 (online), bis 3. J. frei, Ticket am selben Tag £ 35/30, online auch Kombitickets

Kate Winslet, George Clooney, Bollywood-Stars, Politiker, die Mitglieder des britischen Königshauses und Prominenz aus Kultur und Sport lebensgroß aus Wachs. Die Idee stammt von Madame Tussaud, die ab 1802 ihre Wachskollektion der Opfer der Französischen Revolution in London zeigte. Im 21. Jh. heißt es: *The Show must go on!* Mit 4-D-Superhero-Filmen, einer simulierten Tour mit dem schwarzen Taxi durch das historische London und einer Horrorabteilung (erst ab 12 J.). Auch ein Blick hinter die Kulissen des Making-of der Wachsfiguren ist erlaubt.

Museum of Childhood ➡ bA3
Cambridge Heath Rd.
Central Line: Bethnal Green
✆ (020) 89 83 52 00
www.vam.ac.uk/moc
Tägl. 10–17.45 Uhr, Eintritt frei
Gezeigt werden historischen Spielsachen und Exponate rund um das Thema Kindheit wie Kinderkleidung und Kinderwagen. Die Ausstellungsstücke gehören zur Sammlung des Victoria & Albert Museum.

Museum of London ➡ D/E10
150 London Wall
Central Line: St. Paul's
✆ (020) 70 01 98 44
www.museumoflondon.org.uk
Tägl. 10–18 Uhr, Eintritt frei
Das Stadtmuseum gibt einen chronologischen Überblick zur Entstehung und Geschichte Londons, zeigt die Stadtentwicklung zur Millionenmetropole und die Sozialgeschichte (u. a. Hausbesetzungen im East End). Kinder können in der Ausstellung zum Great Fire von 1666 Feuerwehrhelme aufsetzen und eine audiovisuelle Show illustriert das Ausmaß der Zerstörung. Der Victorian Walk mit seinen historischen Schaufenstern symbolisiert Reichtum und Expansion nach dem Wiederaufbau. Im Stadtmuseum steht auch die prunkvolle, 250 Jahre alte Kutsche des Bürgermeisters der City of London, die seit 1757 bis heute einmal im Jahr für die Lord Mayor's Show von Pferden durch die Stadt gezogen wird.

Museum of London Docklands ➡ bA4
No 1 Warehouse, West India Quay, Hertsmere Rd.
DLR: West India Quay, Jubilee Line: Canary Wharf
✆ (020) 70 01 98 44
www.museumoflondondocklands.org.uk
Tägl. 10–18 Uhr
Eintritt frei

Lebensgroße Wachsporträts weltweit berühmter Persönlichkeiten im Madame Tussauds: die Beatles

Mit anschaulichen Exponaten, historischen Schwarz-Weiß-Fotografien sowie Audio- und Filmdokumenten zeigt das Museum in einem alten Lagerhaus der Docklands die Geschichte der Themse seit der Römerzeit, die Entwicklung des Londoner Hafens zu einem der bedeutendsten Europas, die Bombardierungen des Zweiten Weltkriegs und den Niedergang des Hafenviertels sowie die aufwendige Sanierung der Docklands, die in den 1980er Jahren zu einem modernen Wohn- und Geschäftsviertel umgebaut wurden. Das Museum hat ein nettes Café und auch in den Speicherhäusern nebenan gibt es Restaurants, Bars und Terrassen mit Blick auf die Wolkenkratzer-Skyline von Canary Wharf.

7 The National Gallery ➡ F6
Trafalgar Sq.
Bakerloo, Northern Line: Charing Cross; Northern, Piccadilly Line: Leicester Square
✆ (020) 77 47 28 85
www.nationalgallery.org.uk
Tägl. 10–18, Fr bis 21 Uhr
Eintritt frei
Die Nationalgalerie spannt den Bogen von mittelalterlicher Altarmalerei bis zu Vincent van Goghs »Sonnenblumen«. Mit über 2300 Gemälden vom 15. bis 20. Jh. ist sie ein absolutes Highlight für Kunstliebhaber. Eine virtuelle Tour führt online zu 300 bedeutenden Gemälden und die Kuratoren stellen eine Auswahl von 30 Highlights vor, darunter Werke von Leonardo da Vinci, Rubens, William Turner, Claude Monet und Paul Cézanne, Diego Velázquez »Venus vor dem Spiegel« und Rembrandts »Selbstporträt mit 34 Jahren«. Die Dauerausstellung ist chronologisch nach Jahrhunderten und Ländern geordnet.

1838 war der klassizistische Museumsbau des Architekten William Wilkins fertig, schon 1876 kam bei einer Vergrößerung die

In der National Gallery: das Meisterwerk »Die Gesandten« (1533) von Hans Holbein d. J.

Kuppel hinzu. Da das Museum bald zu klein wurde, kamen 1897 viele Werke britischer Künstler in die 2 **Tate Britain**. 1991 wurde der von dem postmodernen Architekten Robert Venturi entworfene Sainsbury-Flügel eröffnet, der die Malerei der italienischen Frührenaissance, Wechselausstellungen und das Restaurant beherbergt.

National Maritime Museum
➡ bB4
Park Row, Greenwich
DLR: Cutty Sark
✆ (020) 88 58 44 22, www.rmg.co.uk/national-maritime-museum
Tägl. 10–17 Uhr, Eintritt frei
Das Marinemuseum besitzt neben Exponaten rund um die britische Seefahrtgeschichte (Navigationsinstrumente, Seekarten, Uniformen, Schiffsmodelle) auch eine riesige Sammlung maritimer Malerei. Im modernen Mezzanin gibt es ein Café und eine große Spielfläche für Kinder. Auf einer begehbaren interaktiven Weltkarte (The Great Map) kann man vieles über Seerouten, Strömungen und Winde sowie die Seefahrtsgeschichte erfahren.

National Portrait Gallery ➡ F6
St. Martin's Place
Bakerloo, Northern Line: Charing Cross; Northern, Piccadilly Line: Leicester Square
✆ (020) 73 06 00 55

www.npg.org.uk
Tägl. 10–18, Do/Fr bis 21 Uhr
Eintritt frei
Seit 1856 sammelt die Galerie die Porträts britischer Herrscher, Entdecker, Staatsmänner, Schriftsteller und Berühmtheiten. Sie besitzt rund 200 000 Porträts vom 16. Jh. bis heute. Darunter sind Einzel- und Selbstporträts, aber z. B. auch historische Gemälde, auf denen die Abgeordneten im House of Lords und House of Commons realistisch abgebildet sind. Vom Café-Restaurant im Obergeschoss kann man über die benachbarten Dächer schauen.

Natural History Museum ➡ aD4
Cromwell Rd., Eingang Queens Gate und Exhivition Rd.
Circle, District, Piccadilly Line: South Kensington, ✆ (020) 79 42 50 00
www.nhm.ac.uk
Tägl. 10–17.50 Uhr, Eintritt frei
Der Architekt Alfred Waterhouse (1830–1905) errichtete in London einen Tempel der Naturwissenschaften. Sandfarbene Ziegel, Terrakotta-Fliesen und neoromanischer Stil, Gewölbe und Dimensionen (230 m lang, zwei 64 m hohe Türme) erinnern an eine Kathedrale. In die Deckenpaneelen über der Haupthalle sind akribisch Pflanzen aus aller Welt gemalt. Kinder begeistert am meisten das 26 m lange Saurierskelett, und vor dem Dinosaurierbereich mit Tyrannosaurus-Rex-Roboter bilden sich an Wochenenden oft lange Warteschlangen. Das Museum besitzt über 40 Mio. Exponate. Im Darwin Centre (Anbau) informieren interaktive Installationen über die Anfänge der Naturforschung rund um Charles Darwin.

Royal Academy of Arts ➡ F4
Burlington House
Bakerloo, Piccadilly Line: Piccadilly Circus
✆ (020) 73 00 80 00
www.royalacademy.org.uk
Tägl. 10–18, Fr bis 22 Uhr
Austellungen £ 9–15, bis 15 J. frei
Die 1768 gegründete britische Kunstakademie zeigt oft mehr als drei Ausstellungen parallel. Seit Mai 2018 sind beide Ausstellungsbereiche (Richtung Piccadilly und Richtung Burlington Gardens) miteinander verbunden.

Saatchi Gallery ➡ bA2/3
Duke of York's HQ, King's Rd.
Circle, District Line: Sloane Square
www.saatchigallery.com
Tägl. 10–18 Uhr, letzter Einlass 17.30 Uhr, Eintritt frei

Das Skelett eines Diplodocus in der Haupthalle des Natural History Museum

Immer Stadtgespräch: Die Galerie des Kunst-Junkies und Werbemagnaten Charles Saatchi zeigt in einer historischen Stadtvilla mit schönem Café auf 70 000 m^2 Fläche provokante zeitgenössische Kunst und Werke aus seiner Sammlung. Saatchi zählte zu den Förderern der Gruppe der Young British Artists und stellte neben Damien Hirst auch Martin Kippenberger aus.

Sambourne House ➡ aC2
18 Stafford Terrace
Circle, District Line: High Street Kensington
www.rbkc.gov.uk
Mit Führung Mi, Sa/So 11–12.15, ohne Führung Mi, Sa/So 14–17.30 Uhr, Eintritt £ 7/5, Führung £ 10/8
Hier lebte der Karikaturist Edward Linley Sambourne (1844–1910) mit seiner Familie. Besucher bekommen einen Eindruck von der Wohnkultur der viktorianischen Mittelklasse im 19. Jh.

Science Museum ➡ aD4
Exhibition Rd.
Circle, District, Piccadilly Line: South Kensington
✆ (020) 79 42 40 00
www.sciencemuseum.org.uk
Tägl. 10–18 Uhr
Eintritt frei, IMAX Cinema £ 11/9, Red Arrows 3D £ 5, Flugsimulator £ 12 für 2 Pers.
Besucher können hier Apparate selbst ausprobieren und Experimente durchführen: interaktives Lernen zu vielen naturwissenschaftlichen Themen und bahnbrechenden Erfindungen vom Foucault'schen Pendel bis zum Stethoskop. Interessante 3-D- und 4-D-Filmvorführungen und Simulatoren faszinieren große und kleine Technikfreaks.

Sherlock Holmes Museum ➡ D2
221 B Baker St.
Bakerloo, Circle, City, Jubilee, Metropolitan Line: Baker Street

Nachgestellte Episoden aus den Romanen von Sir Arthur Conan Doyle im Sherlock Holmes Museum

✆ (207) 224 36 88
www.sherlock-holmes.co.uk
Tägl. 9.30–18 Uhr, Eintritt £ 15/10
Sie sind zwar nur Figuren aus den Krimis von Sir Arthur Conan Doyle (1859–1930), aber in dem Haus, in dem sie 1881–1904 gewohnt und in ihre Kriminalfälle verwickelt waren, dreht sich alles um die Kultfiguren Sherlock Holmes und Doctor Watson. Drei Etagen im Stil der viktorianischen Zeit, ein Bürotisch mit der Pfeife, Kappe und Lupe des Detektivs. Schusslöcher über dem Kamin.

Sir John Soane's Museum ➡ E7
13 Lincoln's Inn Fields
Central, Piccadilly Line: Holborn
✆ (020) 74 05 21 07
www.soane.org
Mi–So 10–17, Eintritt frei
Kunstwerke, Kuriositäten und Architekturzeichnungen sind in dem verwinkelten Haus des Architekten der Bank of England und des Royal Hospital Chelsea zu entdecken. John Soane (1753–1837) machte es, noch während er dort wohnte, zum Museum.

2 Tate Britain ➡ südl. J6
Millbank
Victoria Line: Pimlico, Vauxhall
Tate Boat zwischen Tate Britain und Tate Modern: alle 40 Min.,

einfache Fahrt £ 8.40/4.20, Dauer 20 Min., Tickets an den Museumskassen oder mit der Oyster Card
✆ (020) 78 87 88 88
www.tate.org.uk/britain
Tägl. 10–18 Uhr
Eintritt frei
Der Zuckerfabrikant Henry Tate (1819–99) stiftete seine Sammlung von 60 Gemälden 1897 zur Eröffnung der Tate Britain in einem neoklassizistischen Gebäude am Themseufer. Von den Präraffaeliten bis zu Francis Bacon zeigt die Tate Britain längst nicht nur, aber vor allem britische Kunst aus der Zeit vom 16. bis 19. Jh. Seit 1987 vergrößerte sie sich durch einen Neubau, die Clore Gallery. Hier ist der Nachlass des Landschaftsmalers William Turner (1775–1851) ausgestellt. Weitere Highlights sind die Werke der Landschaftsmaler John Constable und Thomas Gainsborough sowie die Illustrationen von William Blake. Satirisch, sozialkritisch sind die Werke des Malers, Karikaturisten und Kupferstechers William Hogarth.

Seit der Renovierung für 45 Mio. Pfund ist der Haupteingang wieder an der Themse. Innen empfängt die Besucher eine elegante Wendeltreppe und es entstanden zehn neue Räume im Untergeschoss. Erstmals seit 1920 ist der Balkon um die Rotunde des überkuppelten Atriums wieder zugänglich, ein schöner Ort für eine Kaffeepause mit Flussblick.

»The Golden Stairs« (1876–80) von Edward Burne-Jones in der Tate Britain

2 Tate Modern ➡ F/G9/10
Bankside
Jubilee Line: Southwark; Circle, District Line: Blackfriars
Tate Boot vgl. Tate Britain
✆ (020) 78 87 88 88
www.tate.org.uk/modern
Tägl. 10–18, Fr/Sa bis 22 Uhr
Eintritt frei, Spende erbeten, Sonderausstellungen ab ca. £ 16.50
Restaurants vgl. S. 8
Immer wieder sorgt die Tate Modern durch Sonderausstellungen und spektakuläre Installationen für Furore. In den Dauerausstellungen wird Kunst ab dem 20. Jh. gezeigt. Vertreten sind Impressionismus, Kubismus, abstrakte Kunst, Surrealismus, Expressionismus u.a. mit Paul Klee, Claude Monet, Max Beckmann, Georg Baselitz und Gerhard Richter. Seit Juni 2016 bietet die von den Architekten Herzog & de Meuron erweiterte Tate Modern mit der Turbinenhalle und zehnstöckigem Anbau samt Panoramaterrasse noch mehr Raum für künstlerische Entdeckungen. Brücken (1. und 4. Etage) verbinden Boiler House und die Erweiterung, das Switch House. The Tanks zeigt Perfomances und Videoinstallationen; die Turbinenhalle bietet Platz für große Installationen und Skulpturen.

1 Tower of London ➡ F12/13
Tower Hill
Circle, District Line: Tower Hill
✆ (020) 31 66 60 00
www.hrp.org.uk
Di–Sa 9–17.30, So/Mo 10–17.30, im Winter jeweils bis 16.30 Uhr, Eintritt £ 29.50/14, online € 25/11.90
In roten Kostümen der Tudorzeit führen die Beefeater, ehemalige Offiziere und Unteroffiziere, die zur Towerpolizei der Yeoman Warders gehören, die Touristen durch den Tower und erwecken seine Geschichte zum Leben. Wie die Wachen der Kronjuwelen, der Konstabler und der Governor wohnen sie im Tower.

Die Raben des Tower of London

Victoria & Albert Museum
➡ aD5
Cromwell Rd.
Circle, District, Piccadilly Line: South Kensington
✆ (020) 79 42 20 00
www.vam.ac.uk
Tägl. 10–17.45, Fr bis 22 Uhr
Eintritt frei
Das Museum für Kunstgewerbe und Design ist nach Queen Victoria, die 1899 den Grundstein legte, und ihrem Gatten Prinz Albert benannt. Es beherbergt die nationale Skulpturensammlung, u. a. Werke von Rodin, Bildhauerei der italienischen Renaissance (Donatello, Michelangelo) sowie die bedeutendste Ausstellung indischer Kunst außerhalb des Subkontinents. Japan, China und Persien sind ebenfalls vertreten.

Fotografie, Juwelen, Mode, Musikinstrumente, Theater, Glaskunst und Keramik sowie fürstliche Möbel und Teppiche zählen zu der umfangreichen Sammlung. Eine Kuriosität erinnert an die koloniale Vergangenheit: Tipus Tiger, die Ende des 18. Jh. für den Sultan von Mysore gefertigte Holzskulptur eines Tigers, der einen britischen Soldaten »erlegt« hat. Dreht man an einer Kurbel, erklingt das Wimmern des Soldaten und das Gebrüll des Tigers.

Schatztruhe der Weltkulturen: die Dauerausstellung in den »Cast Courts« (Abgusshöfen) des Victoria & Albert Museum

Wallace Collection ➡ E3
Hertford House, Manchester Sq.
Central, Jubilee Line: Bond Street
✆ (020) 75 63 95 00
www.wallacecollection.org
Tägl. 10–17 Uhr
Eintritt frei, oft kostenlose Führungen
Zur Kunstsammlung der Familie von Sir Richard Wallace, der einen großen Teil seines Lebens in Paris verbrachte, gehören Gemälde europäischer Maler von Rembrandt über Tizian bis zu Velázquez. Etliche stammen aus Frankreich, ebenso die kunstvollen Möbel. Eine Rokoko-Kommode stand früher im Schlafzimmer von Ludwig XV., ein Schreibtisch gehörte Königin Marie Antoinette. Schnupftabakboxen, Miniaturporträts, Schmuck, Keramik und Skulpturen zeugen von Modetrends vergangener Zeiten. Nettes Café im Hof.

Whitechapel Gallery ➡ E13
77–82 Whitechapel High St.
City, District Line: Aldgate East
✆ (020) 75 22 78 88
www.whitechapelgallery.org
Tägl. außer Mo 11–18, Do bis 21 Uhr, Eintritt je nach Ausstellung
Gehört zu den international bekanntesten Galerien für zeitgenössische Kunst und bietet auch Workshops, Filme und Performances. Die Galerie eröffnete 1901 auf Initiative von Samuel Barnett im Arbeiterviertel Whitechapel.

White Cube Gallery ➡ H12
144–152 Bermondsey St.
Jubilee, Northern Line: London Bridge
✆ (020) 79 30 53 73
www.whitecube.com
Di–Sa 10–18, So 12–18 Uhr
Eintritt frei
Wer sich für Gegenwartskunst interessiert, sollte auf jeden Fall schauen, was gerade in dem weißen Kubus-Bau einer der bekanntesten kommerziellen Londoner Galerien ausgestellt wird.

Architektur und andere Sehenswürdigkeiten

Banqueting House ➡ G6
Whitehall, Circle, District, Jubilee Line: Westminster
✆ (020) 31 66 61 54/5
www.hrp.org.uk
Tägl. 10–13 bzw. 17 Uhr (tagesaktuelle Öffnungszeiten vgl. Website)
Eintritt £ 6.10, bis 15 J. frei
Das Deckengemälde im königlichen Bankettsaal schuf Peter Paul Rubens. Das Gebäude, ein Beispiel für den Palladianismus und der einzige nach dem Brand von 1698 erhaltene Teil des Palace of Whitehall, erbaute der Architekt Inigo Jones für Karl I. und brachte als Erster den eleganten Renaissance-Stil seines italienischen Vorbilds Andrea Palladio nach England.

BAPS Shri Swaminarayan Mandir ➡ bA2
105–119 Brentfield Rd., Neasden
Jubilee, Metropolitan: Wembley Park, dann Bus 206: Brentfield Road
✆ (020) 89 65 26 51
londonmandir.baps.org
Tägl. 9–18 Uhr
Eintritt frei, Audioguide
Rund 500 000 Londoner stammen aus Indien. In Brent steht der größte Hindu-Tempel außerhalb Indiens. Ein gepflegter Garten umgibt den Prunkbau aus Kalkstein, Granit und Marmor mit fünf Kuppeln und sieben Türmen. Innen kann man indische Handwerkskunst und hinduistische Zeremonien kennenlernen und die Dauerausstellung »Hinduismus verstehen« (£ 2/1.50) besuchen.

8 Buckingham Palace ➡ H4
The Mall
Circle, District Line: St. James's Park, Victoria; Victoria Line: Victoria
✆ (020) 77 66 73 00 (Tickets)
www.royalcollection.org.uk
Tägl. 10–17.30, letzter Einlass 16.15 Uhr, Eintritt Queens Gallery £ 11/5.50, Kombiticket Royal Mews

(Kutschensammlung) £ 19/10, State Rooms £ 24/13.50, alle drei £ 42.30/ 23.30, Kinder bis 4 J. frei
Multimediatouren führen durch die 19 State Rooms der 661 Räume, darunter der Thronsaal, der Musiksaal, durch die Queen´s Gallery mit wertvollen Gemälden alter Meister und durch die Kutschensammlung. Der Palast hat einen Shop und ein Garden Café. Berühmt ist die Wachablösung auf dem Vorplatz, das **Changing of the Guard** (ca. um 11.30 Uhr, Mai–Ende Juli tägl., sonst meist 3-mal pro Woche, www.changing-the-guard.com).

Cabinet War Rooms and Winston Churchill Museum ➡ H6
Clive Steps, King Charles St.
Circle, District, Jubilee Line: Westminster; Circle, District Line: St. James's Park
✆ (020) 79 30 69 61, www.iwm.org.uk
Tägl. 9.30–18 Uhr, Eintritt £ 21/ 10.50, online günstiger, bis 4 J. frei
Winston Churchills bombensichere Befehlszentrale und Sitz seines Kriegskabinetts. Die unterirdischen Räume sind originalgetreu erhalten. Der Kartenraum zeigt die Lage der Armeen in den letzten Tagen des Zweiten Weltkriegs. Angeschlossen ist ein Museum zu Leben und Werk von Winston Churchill.

Clink Prison Museum ➡ G10/11
1 Clink St., Jubilee, Northern Line: London Bridge
✆ (020) 74 03 09 00
www.clink.co.uk
Juli–Sept. tägl. 10–21, Okt.–Juni Mo–Fr 10–18, Sa/So 10–19.30 Uhr
Eintritt £ 7.50/5.50
Das Museum verdeutlicht die furchtbaren Haftbedingungen und Geschichten rund um das ehemalige Gefängnis, dessen Historie bis zum Jahr 1144 zurückreicht.

Guildhall ➡ E10
Guildhall Yard/Gresham St.
Central Line: Bank, St. Paul's
✆ (020) 73 32 13 13
Kunstgalerie ✆ (020) 73 32 37 00
www.guildhall.cityoflondon.gov.uk
Mo–Sa 10–17, So 12–16 Uhr, Okt.–April So geschl., Eintritt frei
Unter der Guild Hall, dem Sitz des Bürgermeisters der City of London, fand man Überreste eines römischen Amphitheaters. In den Räumen oberhalb ist die Gemäldesammlung der Corporation of the City of London vom 16. Jh. bis heute untergebracht. Great Hall und Krypta sind nur sporadisch zu besichtigen. Das Gebäude, das den Reichtum der Stadt und 100 mittelalterliche Zünfte repräsentieren sollte, stammt aus dem 15. Jh. In die Fenster sind die Namen der Bürgermeister der City, der *Lord Mayors,* seit 1189 eingraviert.

Hampton Court Palace ➡ bB2
East Molesey
Boot: Riverboat von Westminster

Die barocken Park- und Gartenanlagen des Prachtschlosses Hampton Court aus der Vogelperspektive

oder Richmond Pier (bis zu 4 Std.)
Zug: South West Train von Waterloo Station bis Hampton Court (ca. 35 Min.), ✆ (08 44) 482 77 77
www.hrp.org.uk
Tägl. 10–18 Uhr, im Winter bis 16.30, letzter Einlass 17 Uhr, Eintritt £ 25/12.50 inkl. Magic Garden und Maislabyrinth, online günstiger
Der Tudor-Palast ist für seinen schönen Park mit dem Gartenlabyrinth *(maze)* von 1714 berühmt. Den Palast ließ sich Kardinal Thomas Wolsey 1514 bauen, aber der Lordkanzler musste ihn 1529 seinem König Heinrich VIII. schenken, der selbst einziehen wollte, Erweiterungsbauten vornahm und sich auch eine Kapelle errichten ließ. In den Küchen konnte für 600 Leute gekocht werden und unter der Holzdecke der Great Hall trat unter Heinrich VIII. die Theatertruppe von Shakespeare auf.

H. M. S. »Belfast« ➡ G12
The Queen's Walk
Jubilee, Northern Line: London Bridge, ✆ (020) 79 40 63 00
www.iwm.org.uk/visits/hms-belfast
Tägl. 10–18 Uhr, Eintritt £ 17/8.50, online günstiger, bis 4 J. frei
Das Kriegsschiff in der Themse war bei der Invasion der alliierten Truppen in der Normandie 1944 dabei. 950 Männer zählten zur Besatzung und an Bord bekommt man eine Vorstellung von ihrem Alltag und ihren Aufgaben.

5 Houses of Parliament ➡ H6
Parliament Sq., Westminster
Tickets: Abingdon Green St., gegenüber Victoria Tower Gardens
Circle, District, Jubilee Line: Westminster, Tickettelefon ✆ (020) 72 19 41 14 (tägl. außer So 9–17 Uhr), Ticket Office Victoria Embankment vor dem Portcullis House, www.parliament.uk
Führungen mit Audioguide (auch auf Deutsch, 75 Min.) online £ 18.50/7.50, geführte Tour (90 Min.) online £ 25.50/11 (Zeiten und weitere Touren vgl. Website), Kinder bis 4 J. frei
Die reguläre Führung durch das Parlament beginnt auf den Spuren der Queen bei der feierlichen Parlamentseröffnung. Von der

Blick über die Themse zu den Houses of Parliament

Königspforte am Victoria Tower geht es ins Ankleidezimmer, wo die Queen die Kronjuwelen anlegt. Weitere Stationen sind das Prinzenzimmer, die Lobbyräume, Oberhaus und Unterhaus, St. Stephen's Hall und die 900 Jahre alte Westminster Hall, Tagungsort des obersten Gerichtshofs und bis heute Schauplatz bedeutender Staatstreffen. Architektonisches Highlight ist die Eichenholzdecke aus dem 14. Jh.

Kostenlos können Besucher bei Sitzungen des House of Lords und des House of Commons zuhören.

Den Glockenturm mit **Big Ben** können Besucher nicht besteigen. Bis 2021 schlägt die Glocke auch nicht.

4 London Eye ➡ G7

Jubilee Gardens (neben der County Hall am südlichen Themseufer)
Bakerloo, Jubilee, Northern Line: Waterloo; Circle, District Line: Westminster
www.londoneye.com
Tägl. Kernzeit 11–18 Uhr, vgl. Website, Ticket online ab £ 24.30/19.80, vor Ort je nach Zeitpunkt wechselnde Preise, bis 2 J. frei

25 Personen passen in eine Kabine und die Fahrt mit tollem Ausblick dauert 30 Minuten. Am besten kauft man die Tickets im Voraus! Mit mindestens 30 Minuten Wartezeit ist auch mit Ticket zu rechnen, denn das London Eye zählt zu den gefragtesten Attraktionen der Stadt. Das Standardticket beinhaltet eine 4-D-Filmvorführung.

The Monument ➡ F11

Monument St.
Circle, District Line: Monument
✆ (020) 76 26 27 17
www.themonument.info
Tägl. April–Sept. 9.30–18, Okt.–März 9.30–17.30 Uhr
Eintritt £ 4.50/2.30

Ein Segelflug, der 1732 vor einem Pub in der Gracechurch Street endete, ein tödlicher Sturz und sechs

»Das Parlament in London«, wie Claude Monet es 1904 sah (Musée d'Orsay, Paris)

Selbstmorde, so die Bilanz des 60 m hohen Denkmals. 311 Stufen führen auf die Aussichtsplattform der Säule, die an den Großen Brand von 1666 erinnert.

Queen Elizabeth Olympic Park ➡ bA4

Infos zum Park: www.queenelizabetholympicpark.co.uk
arcelormittalorbit.com
Orbit: Mo–Fr 11–17, Sa/So 10–18 Uhr, Eintritt £ 11.50/5.50, mit Rutsche £ 16.50/10.50 (online)

Feuchtgebiete und Flanierwege, Rad- und Mountainbikewege, zwei Pools mit 50-m-Bahnen im **Aquatics Centre**, Events und Livemusik lassen das East End seit der Olympiade 2012 pulsieren. 114 m hoch ist die weithin rot leuchtende Skulptur **Orbit** mit Aussichtsplattform und Rutsche, die der Künstler Anish Kapoor gestaltet hat. Im Orbit lädt The Podium Bar & Kitchen (Mo–Do 9–18, Sa/So bis 19 Uhr) zum Verweilen ein. Zu den Sportanlagen gehören das Velodrom **Lee Valley VeloPark** und das **Lee Valley Hockey and Tennis Centre**. Künftig entsteht ein Kulturdistrikt mit neuem Uni-Campus und Ausstellungsräumen des Victoria and Albert Museum und Sadler's Wells.

Royal Observatory ➡ bB4

Blackheath Ave., Greenwich
DLR: Cutty Sark
✆ (020) 88 58 44 22

www.rmg.co.uk/royal-observatory
Tägl. 10–17 Uhr
Eintritt £ 10/6.50, Planetarium-Show £ 8/5
Karl II. gründete das Observatorium 1675 zur Erforschung der Navigation auf See. Es entstand aus einer Adelsresidenz des Duke of Gloucester, das Sir Christopher Wren zum ersten Observatorium ausbaute. Der erste Hofastronom John Flamsteed wohnte hier. Ein Kupferstreifen im Boden markiert den Verlauf des durch eine internationale Vereinbarung von 1884 festgelegten Null-Meridians, an dem sich die Längengrade orientieren. Hier wurde die Greenwich Mean Time gemessen (1928 durch die Coordinated Universal Time ersetzt). Das Museum zeigt Astronomie- und Navigationsinstrumente. Im Planetarium macht ein Teleskop den Sternenhimmel sichtbar.

The Shard ➡ G11
32 London Bridge St.
Jubilee, Northern Line: London Bridge
✆ (08 44) 499 71 11, www.theviewfromtheshard.com
März–Okt. tägl. 10–22, sonst So–Mi 10–19, Do–Sa 10–22 Uhr, letzter Einlass jeweils 60 Min. vor Schluss
Eintritt £ 30.95/24.95, bis 3 J. frei, online und 24 Std. vorher günstiger
Mit der stählernen Spitze erreicht Renzo Pianos »Glassplitter« 310 m Höhe. In 60 Sekunden fahren zwei Aufzüge bis in den 68. Stock. In der 69. Etage kann man sich markante Gebäude durch zwölf digi-

Greenwich

Greenwich, seit 1997 Weltkulturerbe, ist leicht mit der DLR zu erreichen und eignet sich mit seinen eleganten historischen Villen, dem gemütlichen Kleinstadtflair und dem weitläufigen Greenwich Park zum Picknicken und Flanieren wunderbar für einen Tages- oder Nachmittagsausflug. Es gibt ein kurioses **Fächermuseum** (Fan Museum, Tipp preiswerter Afternoon Tea) mit 4000 Fächern aus aller Welt, Pubs, einen Wochenmarkt u. v. m. Durch die Sternwarte, das **Royal Greenwich Observatory** (vgl. S. 41 f.), oben auf dem Hügel verläuft der Nullmeridian und von hier bietet sich bei schönem Wetter ein weiter Blick über London. Der 73 Hektar große **Greenwich Park** war einst das Jagdgebiet der Tudors, in deren nicht mehr erhaltenem Palast Heinrich VIII. und Elisabeth I. geboren wurden.

Mit den Gebäuden des heute von der Universität genutzten **Royal Naval College**, die zunächst als Krankenhaus für die königlichen Seefahrer errichtet wurden, hinterließ der Baumeister der St. Paul's Cathedral Christopher Wren unten am Themseufer eine Meisterleistung im Barockstil. Er integrierte einen Flügel des früheren Königsschlosses als Zwilling und schuf imposante Sichtachsen. Bis der Bau nach dem Vorbild des Pariser Hôtel des Invalides 1705 bezogen werden konnte, vergingen über 30 Jahre. Das Queen´s House dahinter von Inigo Jones wurde 1635 fertig und beherbergt heute das sehenswerte **National Maritime Museum** (vgl. S. 33). Am schönsten und womöglich sogar mit effektvoller Spiegelung im Wasser sieht man die Symmetrie der Gebäude vom anderen Flussufer.

Dort, wo das Museumsegelschiff **Cutty Sark** (vgl. S. 66) liegt, ist unter einem Backsteingebäude mit gläserner Kuppel der Eingang des Greenwich-Fußgängertunnels. Rund 100 Stufen führen in einer Wendeltreppe hinunter in den gekachelten Gang, durch den man 371 Meter unter der Themse bis zur Isle of Dogs (Canary Wharf) gehen kann.

tale Teleskope in Tag- und Nachtansicht heranzoomen. Der höchste Punkt auf 244 m liegt teilweise draußen auf der Aussichtsplattform vom 72. Stock. Im 31. Stock bieten das Restaurant **Aqua Shard** und die Bar **Oblix** einen tollen Panoramablick.

Shakespeare's Globe und Sam Wanamaker Playhouse ➡ F10
21 New Globe Walk
Jubilee, Northern Line: London Bridge; Circle, District Line: Blackfriars
✆ (020) 74 01 99 19
www.shakespearesglobe.com
Ausstellung tägl. 9–17 Uhr, Führung tägl. 9.30–17 Uhr alle 30 Min. (besser vorher nachfragen: ✆ 020-79 02 15 00), £ 16/9, ab und zu Führungen im Wanamaker Playhouse £ 12.50/8
Das Theater und die Ausstellung im Untergeschoss können besichtigt werden. Eine Zeitreise in die Shakespeare-Ära. Von April bis Oktober originelle Inszenierungen im Globe, im neuen Sam Wanamaker Playhouse ganzjährig indoor.

Skygarden ➡ F11
20 Fenchurch St.
Circle, District Line: Monument
https://skygarden.london
Mo–Fr 10–18 (letzte Buchung bis 16.30), Sa/So 11–21 (Buchung bis 19.30) Uhr, freier Zugang nach vorheriger Online-Buchung
Rundumblick inmitten von Londons höchstem Park (155 m) mit zwei Restaurants, Sky Pod Bar und City Garden Bar (tägl. 7–1 Uhr).

St. Margaret's Church ➡ H6
St. Margaret St.
Circle, District, Jubilee Line: Westminster
✆ (020) 76 54 48 40
www.westminster-abbey.org
Mo–Fr 9.30–15.30, Sa 9.30–13.30, So 14–16.30 Uhr
Eintritt frei
Mo 12.45 Uhr Mittagskonzerte
Wer Glück hat, muss hier nicht so lange in der Warteschlange stehen wie für Westminster Abbey. Die lichtdurchflutete und ruhigere »Gemeindekirche des House of Commons« nebenan stammt aus dem 11. Jh. Das Westfenster zeigt Szenen aus dem Leben des Seefahrers, Entdeckers und Schriftstellers Sir Walter Raleigh, der 1618 hier beigesetzt wurde. Die Hochzeit Heinrich VIII. mit Katharina von Aragon ist im Ostfenster dargestellt.

3 St. Paul's Cathedral ➡ E10
Ludgate Hill
Central Line: St. Paul's
✆ (020) 72 46 83 57
www.stpauls.co.uk
Tägl. außer So 8.30–16 Uhr, Galerien tägl. außer So 9.30–16.15 Uhr
Eintritt £ 18/8, online £ 16/7
Das von Sir Christopher Wren 1708 erbaute Meisterwerk ist das funkelnde Juwel in Londons bezauberndem nächtlichen Beleuchtungsplan. Nur sonntags zu den Gottesdiensten oder bei Orgelkonzerten ist der Eintritt frei, dann ist allerdings keine Besichtigung möglich. In der Krypta der Grabkirche sind u. a. Horatio Nelson, Duke of Wellington, William

Die beiden Brückentürme der Tower Bridge erheben sich 65 Meter über der Themse

Turner und der Baumeister selbst in Sarkophage gebettet. Flüstert man in der Whispering Gallery nach 292 Stufen Aufstieg nur noch kraftlos, sind die Worte auf der anderen Seite in 32 m Entfernung zu hören. Weitere 119 Stufen oberhalb liegt die Aussichtsplattform der Stone Gallery und bis zur Golden Gallery in der Kuppel sind es dann noch 152 Stufen. Mit Café und Shop im Untergeschoss.

Temple Church ➡ E8
Inner Temple
Circle, District Line: Temple
✆ (020) 73 53 34 70
www.templechurch.com
Mo–Fr 10–16 Uhr, Sa geschl., So nur Gottesdienst
Eintritt £ 5/3, bis 16 J. frei
In Dan Browns Bestseller »Das Sakrileg« kommt das bunte Glasfenster vor, auf dem der Großmeister des Tempelritterordens Alanus Marcel (1218–28 im Amt) zu Pferd zu sehen ist. Das Gotteshaus nach dem Vorbild der Grabeskirche wurde 1185 vom Jerusalemer Patriarchen geweiht.

Westminster Abbey, die Krönungs- und Grabeskirche der englischen Monarchen

Heinrich III., der in der Kirche begraben werden wollte, ließ einen rechteckigen Altarraum anbauen.

Tower Bridge ➡ G12/13
Tower Bridge Rd.
Circle, District Line: Tower Hill
✆ (020) 74 03 37 61
www.towerbridge.org.uk
Tägl. April–Sept. 10–17.30, Okt.–März 9.30–17 Uhr
Eintritt £ 9.80/4.20, online £ 8.70/3.80
Tipp: Hebezeiten und Fahrzeiten des Aufzugs online nachschauen!
Die nach dem nahen Tower of London benannte Hänge- und Klappbrücke eröffnete 1894 und war damals ein technisches Wunderwerk, erbaut vom Stadtbaumeister Horace Jones, der ihre Vollendung nicht mehr erlebte. Die Brücke ist 244 m lang, ihre Türme ragen 65 m zum Himmel empor. Zwei 70 000 Tonnen schwere, in der Themse versenkte Pfeiler geben ihr Stabilität. Anfänglich basierte der Klappmechanismus auf einem hydraulischen System und selbst damals dauerte das Hochklappen nur zwei Minuten. Über die oberen Fußgängerstege kann man die Brücke auch überqueren, wenn sie offen ist. In den beiden verglasten Stegen mit freier Sicht nach unten und toller Fotoperspektive ist die Tower Bridge Exposition untergebracht; im östlichen Steg eine Fotoausstellung über Brücken. Geräusche und Gerüche begleiten die Vorführung der sich hydraulisch hebenden Baskülen im viktorianischen Maschinenraum.

6 Westminster Abbey ➡ H6
20 Dean's Yard
Circle, District, Jubilee Line: Westminster
✆ (020) 72 22 51 52
www.westminster-abbey.org
Tägl. außer So, oft 9.30–15.30 Uhr, vgl. Kalender auf der Website
Eintritt £ 22/9, bis 5 J. frei, 17 Uhr Evensong Eintritt frei

»The Long Walk« führt durch den weitläufigen Great Park von Windsor Castle zum Schloss

960 n. Chr. als Benediktinerkloster gegründet ist Westminster Abbey seit Wilhelm dem Eroberer (1066) Großbritanniens Krönungs- und Grabkirche. 1245 begann Heinrich III. mit dem Bau der heutigen Kirche, in der noch der Krönungsstuhl Eduard des Bekenners steht. Sie besitzt drei Schiffe im Stil der englischen Gotik. Die Kapelle Heinrich VIII. mit einem Fächergewölbe im Perpendikularstil (späte englische Gotik) wurde 1519 fertig. Sie ist bis heute die Kapelle der Großkreuzritter (Order of the Bath). In der Poets' Corner erinnert ein Denkmal an Shakespeare und hier befinden sich auch die Gräber der Dichter und Komponisten von Charles Dickens über T. S. Eliot bis zu Georg Friedrich Händel. Die Besichtigung folgt einem Rundgang.

Im Triforium hat im Juni 2018 die neue Schatzkammer als **Queens Diamond Jubilee Galleries** eröffnet. Mehr als 300 Schätze aus der Sammlung der Abbey sind hier zu bewundern. Für den leichteren Zugang wurde ein neuer, im gotischen Stil gestalteter Turm mit Treppen und Aufzug an der Ostseite von Westminster Abbey geschaffen. Die Queen beauftragte den Künstler David Hockney mit der Gestaltung eines Buntglasfensters. Als Motiv wählte er eine Landschaft voller Blüten.

Im 14. Jahrhundert versorgte der Kellermeister die Benediktinermönche der Westminster Abbey mit Brot und Bier. Sein Cellarium war zugleich Bäckerei, Brauerei und Mühle der Westminster Abbey. Das Cellarium Café setzt diese Tradition fort und bietet Getränke, Sandwiches und Snacks.

Windsor Castle ➡ bB1
Windsor, Berkshire
Zug ab Waterloo, Bus der Green Line ab Victoria Coach Station
✆ (020) 77 66 73 04
www.royalcollection.org.uk
Tägl. 9.30–17.15, Nov.–Feb. bis 16.15 Uhr, letzter Einlass 75 Min. vorher
Eintritt £ 21.20/12.30, bis 4 J. frei, wenn State Apartments geschl. £ 11.70/7.20
In Windsor kann man auf den Spuren der Royals Windsor Castle besuchen, die Residenz der Königin und der eh und je Wohnsitz der Königsfamilie. Ist die Queen da, weht die Flagge vom Rundturm. Im Thronsaal gewährt sie Audienzen, im Festsaal dinieren geladene Staatsgäste. Die State Apartments mit Gemälden und Deckengemälden alter Meister, die St. George's Chapel, königliche Grabkapelle, und das Queen Mary's Dolls' House zählen zu den Highlights der großen Anlage. ■

Übernachten

London zählt zu den teuersten Städten Europas, was sich auch bei den Zimmerpreisen bemerkbar macht. Daher sollte man frühzeitig online nach **Sonderangeboten** und Paketpreisen oder günstigen Pauschalstädtereisen suchen. So kann man Glück haben und in Hotels gehobener Preisklasse etwas günstiger unterkommen. Aufgepasst: Nicht immer sind die Mehrwertsteuer (20 %) und das Frühstück im Preis enthalten.

Manche Londoner, die in Urlaub fahren, vermieten ihre oft recht noblen **Wohnungen** und Häuser unter www.onefinestay.com. In den Sommerferien bekommt man mit etwas Glück günstige Doppelzimmer und Apartments mit mehreren Schlafzimmern in den **Studentenwohnheimen** der University of London (https://halls.london.ac.uk). Günstige Zimmer, Ferienwohnungen und Apartments von privat bekommt man über das Portal www.wimdu.de, eine Alternative zum in London teureren www.airbnb.de.

Die folgenden Preiskategorien gelten für ein Doppelzimmer pro Nacht:
£ – bis 120 Pfund
££ – 120 bis 175 Pfund
£££ – 175 bis 250 Pfund
££££ – über 250 Pfund

The London Edition ➡ E5
10 Berners St.
Central Line: Tottenham Court Road
✆ (020) 77 81 00 00
www.editionhotels.com/london
Soho und Oxford Street sind um die Ecke. Das stilvolle Hotel hat 173 luxuriöse Zimmer und Suiten, eine schicke Cocktailbar und eine elegante Lobby. In Berners Tavern hängt die beachtliche Kunstsammlung des Hotels an den Wänden. In der Küche führt der mit einem Michelin-Stern ausgezeichnete Jason Atherton Regie. Mit Fitnessbereich. ££££

San Domenico House ➡ südl. J2
29–31 Draycott Place
Circle, District Line: Sloane Square
✆ (020) 75 81 57 57
www.sandomenicohouse.com
Das romantisch-luxuriöse Boutiquehotel mit 17 Zimmern und erlesenen antiken Möbeln sowie opulenten Teppichen in Chelsea ist das Richtige, wenn man sich verwöhnen möchte. Es werden ab und zu Fitness-, Honeymoon- und Theatre-Packages angeboten. ££££

Shangri-La ➡ G11
31 St. Thomas St.
Jubilee, Northern Line: London Bridge, ✆ 020 72 34 80 00
www.shangri-la.com/de/london/shangrila

Wartet mit einer eigenen Kunstsammlung auf: das Hotel The London Edition

Ein Fünfsternehotel mit tollem Panoramablick, denn es liegt den Etagen 34–52 des Wolkenkratzers The Shard. Luxus pur. Vom Pool in der 52. Etage reicht der Blick von Tate Modern bis zur St. Paul's Cathedral. Die Zimmer verfügen über orientalisches Flair und Fenster vom Boden bis zur Decke. ££££

The Arch ➡ F1
50 Great Cumberland Place
Marble Arch
Central Line: Marble Arch
✆ 020 77 24 47 00
www.thearchlondon.com
Fünfsterne-Boutiquehotel – hier setzen hochwertige Stoffe farbliche Akzente in den 82 individuell eingerichteten Zimmern. Es gibt eine Bar, ein Restaurant und eine Martini-Library. Hyde Park und Bond Street sind nur einen Katzensprung entfernt. £££–££££

Ace Hotel ➡ C12
100 Shoreditch High St.
London Overground: Shoreditch High Street, ✆ (020) 76 13 98 00
https://de.acehotel.com
Vintage, Eichenholzmöbel und originelle Kunstwerke prägen das hippe Hotel im In-Viertel Shoreditch. In manchen Zimmern gibt es Plattenspieler und eine Plattensammlung. Ein beliebter Treffpunkt ist der große Tisch in der Lobby. Beliebt sind die bis 3 Uhr geöffnete Event-Bar Miranda und das Hotelrestaurant Hoi Polloi. £££

Hazlitt's ➡ E5
6 Frith St., Soho
Central, Northern Line: Tottenham Court Road
✆ (020) 74 34 17 71
www.hazlittshotel.com
Ein Literatenhotel mit kleiner Bibliothek im Herzen von Soho. Der Essayist, Kritiker und zeitweise auch Maler William Hazlitt (1778–1830) lebte einst in diesem Haus, das heute ein charmant mit historischen Möbeln eingerichtetes Boutiquehotel beherbergt. Tipp: Online buchen. £££

The Laslett ➡ aA2
8 Pembridge Gardens
Central, District und Circle Line: Notting Hill, ✆ 020 77 92 66 88
www.living-rooms.co.uk/hotel/the-laslett
Wohnlich-modern, typisch britisch und von kultig bis künstlerisch eingerichtetes Designerhotel. Die Zimmer verteilen sich auf fünf viktorianische Häuser in einer ruhigen Straße. Die Lobby mit Café und Shop ist für die Nachbarn zu einer Art verlängertem Wohnzimmer geworden. £££

310 Meter hohes Wahrzeichen im Londoner Stadtteil Southwark: The Shard von Renzo Piano

South Place Hotel ➡ D11
3 South Place
Circle, Metropolitan Line: Moorgate, ✆ (020) 35 03 00 00
www.southplacehotel.com
80 luxuriöse Zimmer mit großen Betten, großen Spiegeln und Schaukelstuhl. Das Design stammt von Terence Conran. Haustiere erlaubt. Mit Fitnessbereich. £££

The Stafford London ➡ G4
16–18 St. James's Place
Jubilee, Piccadilly, Victoria Line: Green Park, ✆ (020) 74 93 01 11
www.thestaffordlondon.com
Vom Green-Park aus ist The Stafford in drei Minuten durch einen schmalen privaten Durchgang zu erreichen. Die luxuriösen Zimmer, einige in ehemaligen Ställen für die Vollblüter britischer Adeliger, verströmen traditionelles britisches Flair. Auch Nichtgäste können zum stilvollen Afternoon Tea kommen oder die amerikanische Bar besuchen. Besuchen kann man den über 380 Jahre alten Weinkeller und das kleine Museum mit Exponaten aus dem Zweiten Weltkrieg. £££

Apex London Wall ➡ E 11
7–9 Copthall Av.
Circle, Metropolitan, Hammersmith & City Line: Liverpool Street
✆ (020) 75 62 30 30
www.apexhotels.co.uk
Modernes Boutiquehotel mit Industrial-Design-Optik in einer ruhigen Straße der Londoner City. Das Team steht für einen besonders freundlichen persönlichen Service. ££–£££

Indigo Kensington ➡ südl. aD3
34–44 Barkston Gardens
District Line: Earl's Court
✆ 020 73 73 78 51
www.ihg.com
Das Vier-Sterne-Boutiquehotel in einem viktorianischen Haus hat komfortable und farbenfroh gestaltete Zimmer. An jeweils einer Wand sorgen großformatige Fotos für Lokalkolorit. Großer Frühstücksraum, Cocktailbar, kleiner Fitness- und Wellnessbereich. Haustiere gestattet. ££–£££

Mayflower Hotel ➡ südl. aD2
26–28 Trebovir Rd.
District Line: Earl's Court
✆ (020) 73 70 09 91, https://mayflower.mayflowercollection.com
Eine geschmackvoll dezente Einrichtung und bunte Stoffe sorgen in den 48 Zimmern, teilweise Suiten mit Himmelbetten, für ein heimeliges Gefühl. Portobello Market ist vom Hotel aus zu Fuß erreichbar. ££–£££

The Nadler ➡ E5
10 Carlisle St., Central Line: Tottenham Court Road
✆ (020) 36 97 36 97
www.nadlerhotels.com
Über dem Eingang grüßt eine Skulptur der griechischen Göttin Selene die Gäste, ein Symbol für guten Schlaf des Künstlers Hew Locke. In den schicken Zimmern des modernen Hotels direkt neben dem Soho Square gibt es eine kleine Küche. Das Frühstück wird nach Wunsch ins Zimmer gebracht. Die Fernseher bieten Internet und eine Musik-Bibliothek. ££–£££

Shoreditch House ➡ C12
Ebor St.
London Overground: Shoreditch High Street, ✆ (020) 77 39 50 40
www.shoreditchhouse.com
26 kleine, saubere und funktionale Zimmer in der Nähe der angesagten Brick Lane. Vier Zimmer haben Balkone. Gäste haben Zugang zu einem Clubhaus in einem ehemaligen Pub. Mit beheiztem Pool auf dem Dach, Bar und Spielezimmer, Tischtennisplatten, Fitness-Bereich mit Sauna und Fifth Floor Restaurant. ££–£££

The Fielding Hotel ➡ F7
4 Broad Court, Bow St.
Picadilly Line: Covent Garden

© 020 78 36 83 05
www.thefieldinghotel.co.uk
Nur 100 m von dem historischen Hotel, das nach dem Schriftsteller Henry Fielding benannt ist, liegt das Covent Garden Fitness and Well Being Centre, zu dessen Spa Hotelgäste freien Zugang haben. Es gibt auch Vierbettzimmer. ££

Lime Tree Hotel ➡ J3
135–137 Ebury St.
Circle, District, Victoria Line: Victoria, © (020) 77 30 81 91
www.limetreehotel.co.uk
Das familiengeführte, alteingesessene B&B in einem georgianischen Haus des eleganten Viertels Belgravia hat 25 hübsche Zimmer mit dezentem Dekor britischer Designer. Zu den Vorteilen zählen das persönliche Ambiente und der Garten. ££

Morgan Hotel ➡ E6
24 Bloomsbury St.
Central Line: Tottenham Court Road
© (020) 76 36 37 35
www.morganhotel.co.uk
Das einfache, familiengeführte Hotel in der Nähe des British Museum hat neben Zimmern auch Apartments für bis zu vier Personen. Es bietet kostenloses WLAN und serviert englisches Breakfast. ££

Churchstreet Hotel ➡ bB3
29–33 Camberwell Church St.
London Overground: Denmark Hill
© (020) 77 03 59 84
www.churchstreethotel.com
Das Hotel im Süden Londons hat entzückend farbenfrohe, individuell eingerichtete Zimmer im südamerikanischen Kolonialstil. Mit Bussen kommt man gut nach Brixton und ins Zentrum. £–££

Holly House §§ **J4**
20 Hugh St.
Victoria Line: Victoria
© 020 36 96 02 15

Farbenfroh: das Vier-Sterne-Boutiquehotel Indigo Kensington

www.hollyhousehotel.co.uk
Das einfache, preiswerte Hotel hat Zimmer mit Bad oder Gemeinschaftsbad und liegt günstig. Alle sind mit TV, Wasserkocher für Tee oder Kaffee und Kühlschrank ausgestattet. Internetzugang über den Hauscomputer. Bei Onlinebuchung am preiswertesten. In der Nähe kann man Fahrräder leihen. £

Safestay Holland Park ➡ aC1
Kensington Holland Park
Holland Walk
Central Line: Holland Park
© (020) 78 70 96 29
www.safestay.com
Das modern ausgestattete Hostel vermietet Zimmer an Schulklassen, aber man kann auch günstig große und saubere Einzel- und Doppelzimmer mieten. Das historische Hauptgebäude mit Garten ist das schönste der insgesamt drei Gebäude mitten im Park von Kensington. Internet kostenlos. Weitere Option: Elephant & Castle £

Z Soho ➡ E6
17 Moor St.
Picadilly Line: Picadilly Circus, Northern Line: Leicester Square
© (020) 35 51 37 00
www.thezhotels.com/z-soho
Modern und funktional eingerichtete Zimmer mit Nasszelle, blütenweißer Bettwäsche, TV und WLAN mitten im West End. Insgesamt 85 Zimmer verteilen sich auf einen Gebäudekomplex aus zwölf historischen Stadthäusern um einen Innenhof. £ ■

Essen und Trinken
Restaurants, Pubs, Cafés

Starköche wie Jason Atherton, Jamie Oliver, Gordon Ramsay, Fergus Henderson, Mark Hix und Richard Corrigan haben die britische Küche längst international salonfähig gemacht. Wer noch Vorurteile hat und mit Großbritannien fettes und fades Essen verbindet, wird in London eines Besseren belehrt. Statt Imbissbuden und *Chippies*, die einst Fish & Chips in triefendem Zeitungspapier servierten, gibt es heute Gourmet-Burgerketten, die wegen ihrer »ehrlichen« Zutaten vom Bio-Bauernhof angesagt sind. Oft nimmt selbst die traditionelle **Pubküche** innovative Einflüsse auf und kommt leichter und gesünder daher. Schweinefleisch-Pie, Lamm-Stew oder Kalbspastete mit Äpfeln kann man hier ebenso neu für sich entdecken wie Biere aus Mikrobrauereien, die derzeit neue Trends setzen.

Preisgünstige, regionaltypische Suppen bieten die Cafés in der Krypta von St. Martin-in-the-Fields und 3 **St. Paul's** an. Auch die **Museumsrestaurants**, z. B. in der 2 **Tate Modern** und in der 7 **National Gallery**, empfehlen sich zum Essen in nettem Ambiente mit Ausblick. Beliebt sind auch Ketten wie Wahaca oder Nando's und die Restaurants im Southbank Centre am Südufer der Themse.

Die multikulturelle britische Metropole ist zudem ein **polyglottes Schlaraffenland**. Besucher bemerken dies spätestens an den Street-Food-Ständen des Borough Market oder in der Old Truman Brewery an der **Brick Lane**, wo man sich für rund fünf Pfund durch die Länderküchen futtern kann. In Chinatown gibt es neben chinesischen auch taiwanesische, koreanische und japanische Restaurants. Jüdische Küche findet man in Golders Green und zu einem London-Besuch gehört auch ein Essen in einem indischen Restaurant.

Zwischen 15 und 18 Uhr ist **Teatime**, die in vielen Luxushotels (z. B. im The Stafford) und Nobelkaufhäusern (z. B. Fortnum & Mason) traditionell britisch zelebriert wird. Urgemütliche Viertel-Cafés servieren auch mittags hausgemachte Tagesgerichte und bis in den späten Abend spektakulär verführerische Tortenstücke.

Die angegebenen Preiskategorien beziehen sich jeweils auf ein Hauptgericht:
£ – untere Preislage (bis 12 Pfund)
££ – mittlere Preislage (bis 25 Pfund)
£££ – gehobene Preislage (bis 35 Pfund)
££££ – obere Preislage (über 35 Pfund)

Restaurants

Coq d'Argent ➡ E11
1 Poultry
Central, Northern, Waterloo Line: Bank
✆ (020) 73 95 50 00
www.coqdargent.co.uk
Mo–Fr 11.30–15 und 17.30–22, Sa 12–15.45, 17.30–22, So 17.30–23 Uhr, Brunch Sa/So 12–16 Uhr
Gehobene französische Küche aus frischen Produkten vom Markt. Ein Sommelier berät bei der Auswahl aus 600 Weinen. Auch zum Frühstücken (Mo–Fr 7–10 Uhr) ist das

Die stylishe Gastrobar »The Anthologist«

Coq d'Argent ideal; ab 11.30 Uhr ist die im Winter beheizte große Dachterrasse geöffnet. ££££

Sushisamba ➡ E12
110 Bishopsgate
Circle, City, Metropolitan Line: Liverpool Street
✆ (020) 3 6 40 73 30
sushisamba.com/location/london
Küche tägl. 11.30–23.30, Mi–Sa bis 0.30, Bar 38. Stock bis 1.30 Uhr, Bar 39. Stock Mi–Sa 17–2 Uhr
Der Aufzug fährt in den 38. Stock des Heron Tower. Skybar im 39. Stock, Restaurant und Dachterrasse bieten aus über 175 m Höhe einen tollen Ausblick. Peruanische, brasilianische und japanische Küche, Cocktails, erlesene Weine und Champagner. Reservierung empfohlen. £££– ££££

Texture ➡ E2
34 Portman St.
Central Line: Marble Arch
✆ (020) 72 24 00 28, www.texturerestaurantgroup.co.uk
Mi–Sa 12–14.30, Di–Sa 18.30–23, Bar Di 18–24, Mi–Sa 12–24 Uhr
Das Restaurant des Isländers Agnar Sverrisson hat seit 2010 einen Michelin-Stern. ££££

Jamie Oliver's Fifteen ➡ B11
15 Westland Place
Northern Line: Old Street
✆ (020) 33 75 15 15
www.fifteen.net
Mo–Sa 12–14.45 und 18–22.30 , So 18–21.30 Uhr
Jon Rotheram führt das Restaurant, das Jamie Oliver nach seinen 15 Lehrlingen benannte. Elegante, schmackhafte Küche. Der Erlös geht an die Stiftung des Fernsehkochs und kommt arbeitslosen Jugendlichen zugute. £££–££££

The Anthologist ➡ E10
58 Gresham St.
✆ (084) 54 68 01 01
Central Line: St. Paul's
www.theanthologistbar.co.uk
Mo–Fr 7.30–23, Do/Fr bis 1 Uhr
In der großen, stylishen Gastrobar zwischen St. Paul's und Guild Hall geht es schon zum Frühstück und Lunch sehr lebhaft zu. Frische Küche, viele Cocktails und Weine, attraktiv präsentiert. Eine der sechs beliebten Londoner Bars und Restaurants der Gruppe Drake & Morgan (www.drakeandmorgan.co.uk), die einen Teil ihrer Erlöse in wohltätige Projekte investiert. £££

Aqua Shard ➡ G11
31 St. Thomas St.
Jubilee, Northern Line: London Bridge; ✆ (020) 30 11 12 56
www.aquashard.co.uk

Tägl. Frühstück 7–10.30 (Sa/So 9–10), Lunch 12–14.45, Dinner 18–23, Bar bis 1 (Fr/Sa bis 3), Sa/So Brunch 10.30–15.30 Uhr
Bestechende Aussicht aus dem 31. Stock von The Shard. Die moderne Küche aus frischen Produkten britischer Erzeuger setzt noch ein i-Tüpfelchen. £££

Randall & Aubin ➡ F5
16 Brewer St.
Central Line: Tottenham Court Road
✆ (020) 72 87 44 47
www.randallandaubin.com
Mo–Do 12–23, Fr/Sa 12–24, So 12–22 Uhr
Kleines Sea-Food-Restaurant in Soho mit Austern-Bar, u. a. britische und französische Küche. Die Kachelwände erinnern noch an die einstige Metzgerei. £££

Tram Shed ➡ C12
32 Rivington St.
London Overground: Shoreditch High Street
✆ (020) 77 49 04 78, www.hixrestaurants.co.uk/restaurant/tramshed
Mo/Di 11.30–23, Mi–Fr 11.30–0.30, Sa 10.30–0.30, So 11.30–21.30 Uhr
In einem ehemaligen Elektrizitätswerk von 1905 serviert das Team des Kochbuchautors Mark Hix Steaks und Gerichte mit Huhn. Blickfang ist ein Kunstwerk von Damien Hirst. Im Untergeschoss sind alle sechs Wochen neue Kunstausstellungen zu sehen. Auch Café. £££

Ceviche ➡ E5
17, Frith St., Central Line: Tottenham Court Road
✆ (020) 72 92 20 40
www.cevicheuk.com
Mo–Sa 12–23.30, So bis 22.15 Uhr
Kurse vgl. Website (Masterclasses)
Das Restaurant des Fernsehkochs und Buchautors Martin Morales ist eine Londoner Institution für peruanische Traditionsrezepte seiner Vorfahren mit innovativen Einflüssen. Unbedingt Ceviche und Pisco Sour probieren. Weiterhin eröffnete Martin Morales in Soho die **Casita Andina**, das **Andina** in Shoreditch und das **Ceviche Old Street**, das zugleich eine Galerie für peruanische Kunst ist. ££–£££

Burger & Lobster ➡ E5
36–38 Dean St.
Central Line: Tottenham Court Road
✆ (020) 74 32 48 00
www.burgerandlobster.com
Mo 12–22, Di/Mi 12–22.30, Do–Sa 12–23, So 12–22 Uhr
Die bei jungem Publikum beliebte Bar einer Kette mit mehreren Filialen in London (vgl. Website).

Ob Sezuan-Küche, Saté, Sushi oder Wokgerichte: Die Garküchen und Restaurants von Chinatown haben die ganze kulinarische Bandbreite der asiatischen Küche im Angebot

Britische Pubkultur im »The George Inn«: Hier geht es darum, zusammen zu sein und zu reden

Serviert Burger oder Lobster und eine große Auswahl Cocktails. ££

Kitchen and Bar, Restaurant at ② Tate Modern ➡ F10
Bankside, ✆ (020) 74 01 51 08
www.tate.org.uk
So–Do 10–17.30, Lunch 12–15, Fr/Sa 12–21.30 Uhr
Im 6. Stock (Boiler House) bietet Kitchen and Bar mit einer Wandmalerei von Arturo Herrera Blick auf St. Paul's Cathedral und Themse. Das Restaurant im 9. Stock des Switch House bietet ebenfalls tolle Aussicht, frische Küche der Saison und erlesene Weine £–££

The Enterprise ➡ aD6
35 Walton St.
Circle, District, Piccadilly Line: South Kensington, ✆ (020) 75 84 31 48
www.theenterprise.co.uk
Mo–Fr 12–15 und 18–22.30, Sa/So 12–15.30 und 18–22 Uhr
Schicker Bar-Pub mit weißen Tischdecken, Goldspiegeln und roten Vorhängen. Moderne britische Feinschmecker-Küche mit lokalem Stammpublikum. ££

Masala Zone Soho ➡ F5
9 Marshall St.
Bakerloo, Central, Victoria Line: Oxford Circus
✆ (020) 72 87 99 66
www.masalazone.com
Mo–Sa 12–23, So 12.30–22.30 Uhr
Authentische Küche aus allen 16 indischen Regionen und Volkskunst an den Wänden. Mehrere Filialen in verschiedenen Stadtvierteln. ££

Pubs

The George Inn ➡ G11
75–77 Borough High St.
Jubilee, Northern Line: London Bridge
✆ (020) 74 07 20 56
www.george-southwark.co.uk
Mo–Sa 11–23 (Küche bis 22), So 12–22.30 (Küche bis 21) Uhr
Londons einziger erhaltener Kutscherpub mit Galerie stammt aus dem Jahr 1676 und gehört heute dem National Trust. Charles Dickens beschrieb ihn in »Little Dorrit«. In wohnzimmerartigen Räumen auf zwei Etagen und draußen im Hof kann man Pubküche (Pie mit Rindfleisch und Bohnen, Lammsteaks …) und Ales probieren. ££

The Albany ➡ D4
240 Portland St.
Circle, City, Metropolitan Line: Great Portland Street
✆ (020) 73 87 02 21

www.thealbanyw1w.co.uk
So–Do 12–24, Fr/Sa 12–2 Uhr
Ganztägig frische Pubküche von Barsnacks über Gnocchi mit Pilzen bis zu hausgemachtem Yorkshire Pudding. Sonntags wird gegrillt und die Londoner strömen vom Regent's Park hierher. Große Auswahl an Craft-Bieren, Cider und 19 offene Weine. Gut besucht, telefonisch reservieren. £

The Angel ➡ E6
61–62 St. Giles High St.
Central Line: Tottenham Court Road
✆ (020) 72 40 28 76
Mo–Sa 12–23, So 12–22.30 Uhr
Der viktorianische Pub in St. Giles sieht noch aus wie in den 1930ern. Er besteht aus drei Räumen, dem Salon, einer Bar mit Dartboard und einem Hinterzimmer mit gemütlichen Sesseln und Chesterfield-Sofa. Einfache Pubküche. £

The Charles Lamb Pub ➡ B9
16 Elia St., Northern Line: Angel
✆ (020) 78 37 50 40
www.thecharleslambpub.com
Mo/Di 16–23, Mi–Fr 12–23, Sa 11–23 (Brunch ab 11), So 12–22.30 Uhr
Gemütlicher, traditioneller Gastro-Pub mit Brettspielen, Hund, hausgemachter Pubküche sowie guten Ales und Weinen, ein authentisches Pendant zum Trubel des Nightlife in der nahen Upper Street. Benannt nach dem Essayisten Charles Lamb. £

Cafés

Café Royal ➡ F5
68 Regent St., Bakerloo, Piccadilly Line: Piccadilly Circus
✆ (020) 74 06 33 33
www.hotelcaferoyal.com
Tägl. 9–23.30 Uhr
Stararchitekt David Chipperfield hat das Hotel Royal umgebaut. Kreative Torten prunken seit 2012 im Schaufenster des Cafés. Sarah Barber führt hier Londons erstes sogenanntes Dessert-Restaurant. Afternoon Tea gibt es in im Spiegelsaal mit Louis-Seize-Interieur, der Oscar Wilde Bar, in dem einst auch David Bowie, Virginia Woolf, Muhammad Ali und Elizabeth Taylor zu den illustren Gästen zählten. Auch kleine Gerichte oder nur Getränke. ££–££££

Café in the Crypt ➡ F6
Unter St. Martin-in-the-Fields, Trafalgar Sq., ✆ (020) 77 66 11 58
www.stmartin-in-the-fields.org
Mo/Di 8–20, Mi 8–22.30, Do–Sa 8–21, So 11–18 Uhr
In historischem Ambiente werden frische Speisen serviert, Kleinigkeiten wie belegte Brötchen und warme Gerichte. Gelegentlich werden Jazz Nights (Mi Einlass ab 18.30 Uhr) veranstaltet. Im Sommer bietet sich das **Café in the Courtyard** hinter der Kirche an. £

Muriel's Kitchen ➡ aD5
1–3 Pelham St.
Circle, District, Piccadilly Line: South Kensington
✆ (020) 75 89 35 11
www.murielskitchen.co.uk
Mo–Sa 8–23, So 9–22 Uhr
Rot karierte Tischdecken, charmant-legeres Ambiente in der Nähe des Victoria & Albert Museum. Brunch, frisch zubereitete Tagesgerichte und hausgemachtes Gebäck. Die Großmutter der Inhaberin hieß Muriel. Filialen in in Soho und Richmond. £

Peggy Porschen ➡ J3
116 Ebury St.
Circle, District, Victoria Line: Victoria
✆ (020) 77 30 13 16
www.peggyporschen.com
Tägl. 10–18 Uhr
Die deutsche Inhaberin ist Londons Cupcake-Ikone. Wer ihre Kreationen nicht nur im Café probieren will, kann sich ein paar Schritte weiter in der Academy (30 Elizabeth Street) zu Patisserie-Kursen anmelden. ■

Nightlife

London ist nachts so lebhaft wie tagsüber, und das nicht nur am Wochenende. Viele Londoner trinken ihre ersten Pints und Cocktails direkt nach der Arbeit in den beliebten **Bars** mit Terrassen an der Heddon Street oder in Soho. Auch die Bars an der Carnaby Street sind schon am frühen Abend voll. Wer Londons Skyline im nächtlichen Lichterglanz erleben möchte, kann den Abend im Pub The Founder's Arms am südlichen Themseufer oder im **Oblix** in Renzo Pianos The Shard mit tollem Panoramablick beginnen.

Um **Livemusik** zu hören, lohnt ein Blick in die Magazine »Time Out« und »What's on«. Besonders angesagt sind die Szeneclubs im trubeligen Camden Town und in den hippen Vierteln in Londons Osten, in Shoreditch, Hoxton, Dalston und Hackney Wick. Beliebte Nightlife-Meilen sind die Old Street in Hoxton und die Upper Street in Islington.

Tipp: Etwas aufbrezeln, denn die Engländerinnen stehen in High Heels und Minirock vor den Clubs Schlange und es herrscht ein so großer Andrang, dass die Türsteher es sich leisten können, Leuten in Turnschuhen keinen Einlass zu gewähren.

Spätestens ab 23 Uhr wird es in den Clubs und Discos voll und viele schließen bereits um 2 oder 3 Uhr wieder. Die Tube fährt bis 0.30 Uhr, die Night Tube Freitags und Samstags die ganze Nacht. Zudem gibt es ein dichtes Netz an Nachtbussen.

Boogaloo ➡ bA3
312 Archway Rd.
Northern Line: Highgate
✆ (020) 83 40 29 28
www.theboogaloo.co.uk
Mo–Mi 17–24, Do bis 1, Fr 18–2, Sa 12.30–2, So 12.30–24 Uhr
Mural Art im Innenhof und an den Stallwänden des alten Kutscherpubs, Lesungen, Ausstellungen und renommierte Liveacts.

The Borderline ➡ E6
Orange Yard, Manette St.
Central, Northern Line: Tottenham Court Road
✆ (084) 48 47 16 78 (Tickets, 24 Std.), http://borderline.london
Tägl. ab 22, Do/Fr ab 23 Uhr DJs
Ausgesprochen beliebte Location für Livemusik (Indie, Rock). Hier spielten u. a. schon Blur und Lenny Kravitz.

Der Blick auf die nächtliche Londoner City vom Wolkenkratzer The Shard

Londoner Nightlife? Anständig aufbrezeln lautet die Devise

Cargo ➡ C12
83 Rivington St., Shoreditch.
London Overground: Shoreditch High Street
✆ (020) 77 39 34 40
www.cargo-london.com
Tägl. je nach Event
Beliebte DJ-Partys und Livemusik, Restaurant und Terrasse.

Dalston Superstore ➡ nördl. A12
117 Kingsland High St.
Londen Overground: Dalston Kingsland, Dalston Junction
✆ (020) 72 54 22 73
www.dalstonsuperstore.com
Mo 12–24, Di–Do 12–2.30, Fr 12–3, Sa 10–3, So 10–2.30 Uhr
Eintritt meist frei
DJ-Partys und Livemusik, u. a. Elektro, Soul, Young and Gay. Eignet sich auch zum Brunchen und stellt Kunst aus. Dalstons kultureller Hotspot.

The Dublin Castle ➡ A4
94 Parkway
Northern Line: Camden Town
✆ (020) 74 85 17 73
www.thedublincastle.com
Tägl. ab 12 Uhr
Dieser Pub ist Camdens Wiege der Indie-Musik. Suggs und Amy Winehouse standen schon hinter der Theke. Jeden Abend spielen vier Bands und freitags bis sonntags legen anschließend DJs auf.

Fabric ➡ D9
77 A Charterhouse St.
Circle, Metropolitan, Hammersmith & City Line: Farringdon
✆ (020) 73 36 88 98
www.fabriclondon.com
Fr, So 23–5, Sa 23–7 Uhr
In drei Räumen legen verschiedene bekannte DJs auf. Das aktuelle Programm ist auf der Website zu finden. Gut zum Abtanzen.

The Founder's Arms ➡ F9
52 Hopton St.
Circle, District Line: Blackfriars
✆ (020) 79 28 18 99
www.foundersarms.co.uk
Tägl. 9–23, Fr/Sa bis 24 Uhr
Abends bietet die Terrasse des Pubs an der Themse in Höhe der Tate Modern einen tollen Blick.

The Good Mixer ➡ nördl. A3
30 Inverness St.
Northern Line: Camden Town
✆ (020) 79 16 79 29
www.thegoodmixer.com
Mo–Do 14–1, Fr/Sa 12–2, So 13–0.30 Uhr
Rockmusik, Britpop und vergleichsweise preiswerte Getränke ziehen ein hippes, oft tätowiertes Publikum in diesen historischen Pub, den auch Amy Winehouse gern besuchte. Billardtische, Sportübertragungen und Quiz-Nights.

Koko ➡ A4
1 A Camden High St.
Northern Line: Camden Town, Mornington Crescent
✆ (020) 73 88 32 22
www.koko.uk.com
Club Fr/Sa 22–6, So–Do ab 19, Livekonzerte ab 18.30 Uhr
Beliebte Disco mit Dachterrasse in einer alten Music Hall, regelmäßig Livekonzerte bekannter Bands.

Oblix ➡ G11
31 St Thomas St.
Jubilee, Northern Line: London Bridge
✆ (020) 72 68 67 00
Bar Tägl. So–Mi 12–24, sonst bis 1 Uhr, Restaurant tägl. 12–15, 18–23 Uhr

Schicke Lounge-Bar im 32. Stock von The Shard mit tollem Ausblick. Abends Livemusik.

Proud ➡ nördl. A3
Chalk Farm Rd.
Northern Line: Chalk Farm
✆ (020) 74 82 38 67
www.proudcamden.com
Mi 11–1.30, Do–Sa 11–2.30, So 11–0.30 Uhr
Tolle Livemusik, doch das Beste an diesem Club im Stables Market von Camden ist die Lage in dem früheren Krankenhaus für verletzte Arbeitspferde, die Boote über den Kanal zogen. Im Sommer ist die Terrasse (Camden Roof Gardens) mit Burger-Bar sehr beliebt.

Ronnie Scott's ➡ E5
47 Frith St.
Central Line: Tottenham Court Road
✆ (020) 74 39 07 47
www.ronniescotts.co.uk
Tägl. 18–3, So 18.30–24 Uhr, Late Late Show 23–3, Fr/Sa 1–3 Uhr
Eintritt £ 12
In dem berühmten Jazzclub mit eigener Hausband in Soho gibt es jeden Abend eine Main Show und eine Late Night Show. Man kann die Tickets mit oder ohne Dinner reservieren. Kurz nach 18 Uhr treten schon Vorgruppen auf. Auch Jimi Hendrix gab hier seine letzten Konzerte. Bei der Late Late Nihgt Show treten spontan auch Rock- und Poplegenden auf.

Round Midnight ➡ B8
13 Liverpool Rd.
Northern Line: Angel
✆ (020) 78 37 87 58
www.roundmidnightbar.com
Mo 15.30–23.30, Di–Do 15.30–24.30, Fr 16–1.30, Sa 15–1.30, So 15–23.30 Uhr
Eintritt meistens frei
In der beliebten Jazz- und Bluesbar in Islington kann man bei Livemusik zu Abend essen.

Strawberry Moons ➡ F4
15 Heddon St.
Bakerloo, Piccadilly Line: Piccadilly Circus
✆ (020) 74 37 73 00
www.strawberrymoonsbar.co.uk
Tägl. ab 12 Uhr bis spät
Eintritt £ 5–10, je nach Wochentag
Beliebte Bar mit Terrasse. Freitags und samstags DJ-Partys mit Musik von den 1960ern bis heute.

Tropicana Beach Club ➡ E7
Parker St.
Piccadilly Line: Holborn, Covent Garden; Central Line: Holborn
✆ (020) 72 42 86 00
www.tropicanabeachclub.co.uk
Do–Sa 17–2.30, So 18–24 Uhr
17–20 Uhr Happy Hour, So manchmal Brunch, Eintritt Fr/Sa £ 10
Tropische Clubnächte (80s, 90s, Hip-Hip, R&B) mit Pool, Livemusik, Cabaret, Shows und DJ-Partys. Die Küche serviert Gerichte aus den Strandclubs überall in der Welt. ■

Der Tropicana Beach Club in Covent Garden verfügt über einen eigenen Pool

Kultur und Unterhaltung
Ballett, Oper und Tanz, Konzertstätten und Eventhallen, Theater

Kulturell stellt die britische Hauptstadt mit ihrem riesigen Angebot Besucher vor die Qual der Wahl: große Konzerthallen, Southbank Centre, Musicaltheater in der Shaftesbury Avenue sowie kleine unabhängige Off- und Fringe-Bühnen in Londons Westen und Theater-Pubs. Die Website von Visit London präsentiert die Musical-Top-Ten vom Phantom der Oper bis zu Les Misérables. Anspruchsvolle finden in der Shakespeare-Stadt sowohl klassische als auch avantgardistische Bühnen von Weltrang. In den Eventhallen für Großkonzerte treten internationale Musikstars auf und bei Stadtführungen können sich Nostalgiker auf die Spuren der Beatles und Pink Floyd, der Punk-Rock-Bewegung und Londons Popmusikgeschichte begeben. Zahlreiche Chöre und Kammerorchester sowie fünf Sinfonieorchester sorgen für immer wieder neue Highlights für Klassikfans. Klassisches und modernes Ballett zeigen das Royal Ballet und das English National Ballet z. B. in der Royal Opera, während Sadler's Wells u. a. zeitgenössischen und experimentellen Tanz präsentiert.

Von Mai bis September lässt sich Kultur in London auch ***open air*** genießen, z. B. im Regent's Park oder an der South Bank. Kostenlos sind auch die Mittagskonzerte in einigen Kirchen, z. B. mehrmals wöchentlich um 13 Uhr in St. Martin-in-the-Fields.

Über aktuelle Vorstellungen informiert das kostenlose Stadtmagazin »Time Out« (www.timeout.com/london), Musical-Tickets sollte man rechtzeitig online über www.musicals.uk.com oder die Hotline ✆ (020) 74 38 15 05 bestellen. Auch Visit London verkauft **Karten**. Vorsicht ist vor Schleppern vor den Theatern geboten und Agenturen berechnen unnötige Gebühren. Vorverkaufs- und Restkarten für West End Shows verkauft der tkts Half Price Ticket Booth am selben Tag zum halben Preis plus £ 3 Gebühr (Leicester Sq., Bakerloo, Piccadilly Line: Piccadilly Circus, www.tkts.co.uk, Mo–Sa 10–19, So 11–16.30 Uhr). Auch die Royal Opera verkauft ab 10 Uhr morgens ein zweistelliges ermäßigtes Ticketkontingent.

Ballett, Oper und Tanz

Bonnie Bird Theatre at Laban ➡ bB4
Laban Building, Creekside
DLR: Cutty Sark
✆ (020) 83 05 94 00
www.trinitylaban.ac.uk
Schule und Bühne für Nachwuchstänzer des Trinity Laban Conservatoire of Music and Dance im avantgardistisch umgestalteten King Charles Court in Greenwich.

Coliseum ➡ F6
St. Martins Lane
Northern, Piccadilly Line: Leicester Square
✆ (020) 78 45 93 00
www.eno.org
Klassische und moderne Aufführungen des English National Ballet und Sitz der National Opera.

The Place ➡ C6
17 Duke's Rd.
Northern, Victoria Line: Euston
✆ (020) 71 21 10 00
www.theplace.org.uk
Londons *place to be* für zeitgenössischen und experimentellen Tanz. Der Place Prize für Choreografie des Hauses ist das Pendant zum britischen Turner Prize für Kunst. Sitz der London Contemporary Dance School für Nachwuchstänzer und

der Richard Alston Dance Company. Theater mit 280 Plätzen und internationalem Programm mit 200 Vorstellungen im Jahr.

Royal Opera House ➡ F7
Bow St., Covent Garden
Piccadilly Line: Covent Garden
✆ (020) 73 04 40 00
www.roh.org.uk
Londons Opernhaus kann man auch besichtigen und bei einer Führung einen Blick hinter die Kulissen werfen. Ab und zu kann man dem Royal Ballet oder dem Orchester des Hauses beim Proben zusehen (Tickets und Termine online).

Sadler's Wells Theatre ➡ B9
Rosebery Ave.
Northern Line: Angel
✆ (020) 78 63 80 00
www.sadlerswells.com
Gastspiele hochkarätiger zeitgenössischer Tanzensembles, auch Tanztheater und Musicals.

Konzertstätten und Eventhallen

Barbican Centre ➡ D10
Silk St.
Circle, City, Metropolitan Line: Barbican
✆ (020) 76 38 41 41
www.barbican.org.uk
Stammhaus des London Symphony Orchestra und riesiges Veranstaltungszentrum für Konzerte, Tanz, Theater (auch oft Shakespeare-Stücke). Mit Restaurant, Buchladen, Kino, Kunstgalerie.

O_2 Academy Brixton ➡ bB3
211 Stockwell Rd.
Victoria Line: Brixton
✆ (084) 20 77 71 30 00
www.academymusicgroup.com
Fast täglich Bandauftritte.

The Roundhouse ➡ nördl. A3
Chalk Farm Rd.
Northern Line: Camden Town

Der prächtige Theatersaal in der Royal Opera

✆ 0300 678 92 22
www.roundhouse.org.uk
Livemusik, Theater, Tanz und Performance. Der legendäre Rundbau in Camden stammt von 1846 und diente früher als Reparaturhalle für Dampfmaschinen.

Royal Albert Hall ➡ aC4
10 Kensington Gore
Circle, District, Piccadilly Line: South Kensington
✆ (020) 75 89 82 12
www.royalalberthall.com
Eine der größten Konzerthallen Londons mit breitem Programm. Zwischen Mitte Juli und Anfang September Schauplatz der Proms (Henry Wood Promenade Concert) mit über 70 vorwiegend klassischen Konzerten. Die Tickets für die Last Night of the Proms sind umkämpft.

Royal Albert Hall mit dem Denkmal für Prinz Albert, dem Gemahl von Königin Victoria

Southbank Centre ➡ G7
Belvedere Rd.
Bakerloo, Circle, District Line: Embankment
✆ (020) 38 79 95 55 (9–20 Uhr)
www.southbankcentre.co.uk
Dehnt sich auf 21 ha am Südufer der Themse aus und ist oft Schauplatz für Festivals, Jazz, Tanz, Poetry und Klassik. Die Kulturmeile aus den 1950er Jahren umfasst Londons drei wichtigste Konzerthallen: die Royal Festival Hall, die Queen Elizabeth Hall und den Purcell Room. Interessant sind auch die Hayward Gallery für avantgardistische Kunstausstellungen und das British Film Institute Southbank.

St. John's ➡ J6
Smith Sq., Circle, District, Jubilee Line: Westminster
✆ (020) 72 22 10 61
www.sjss.org.uk
Konzerte in einer ehemaligen Barockkirche.

St. Martin-in-the-Fields ➡ F6
Trafalgar Sq., Bakerloo , Northern Line: Charing Cross
✆ (020) 77 66 11 00
www.stmartin-in-the-fields.org
Hochkarätiges Konzertprogramm des gleichnamigen Kammerorchesters. Mehrmals wöchentlich kostenlose Konzerte um 13 Uhr.

Wigmore Hall ➡ E3
36 Wigmore St.
Central, Jubilee Line: Bond Street
✆ (020) 79 35 21 41
https://wigmore-hall.org.uk
Kammermusik, Musicals, Gesangswettbewerbe. In der 1901 von dem deutschen Klavierunternehmen Bechstein errichteten Halle gibt es rund 400 Events pro Jahr.

Theater

Almeida Theatre ➡ A9
1 Almeida Upper St.
London Overground, Victoria Line: Highbury & Islington
✆ (020) 73 59 44 04
www.almeida.co.uk
Dramen und Musicals so verschieden wie Henrik Ibsen und American Psycho mit renommierten internationalen Schauspielern.

Donmar Warehouse ➡ E6
41 Earlham St.
Piccadilly Line: Covent Garden
✆ (084) 48 71 76 24
www.donmarwarehouse.com
Experimentelles Theater mit Eigenproduktionen, in dem manchmal auch Stars aus Theater und Film auftreten.

Drayton Arms ➡ südl. aD3
153 Old Brompton Rd.
Piccadilly, District, Circle Line: Gloucester Road
✆ (020) 78 35 23 01
www.thedraytonarmssw5.co.uk
Fringe-Theater mit 50 Plätzen über einem beliebten Pub in South Kensington. Stücke ab 19.30 oder 20 Uhr.

Menier Chocolate Factory ➡ G10
53 Southwark St.
Jubilee, Northern Line: London Bridge
✆ (020) 73 78 17 13
www.menierchocolatefactory.com
Die ehemalige Schokoladenfabrik bietet seit 2004 für 150 Zuschauer spannende eigene Theaterproduktionen und Sitcoms.

National Theatre/ Dorfman Theatre ➡ G8
Upper Ground, South Bank
Bakerloo, Jubilee, Northern Line: Waterloo
✆ (020) 74 52 30 00
www.nationaltheatre.org.uk
2013 feierte diese nationale Institution ihren 50. Geburtstag. Sie zeigt klassisches und modernes Theater und ist Schauplatz von Workshops und Festivals. Nach größeren Umbauten erstrahlt auch

seine kleinste Bühne, das ehemalige Cottesloe, unter dem Namen Dorfman Theatre in neuem Glanz.

The Old Vic ➡ H8
The Cut, Lambeth, Bakerloo, Jubilee, Northern Line: Waterloo
✆ (084) 48 71 76 28 (Gebühren)
www.oldvictheatre.com
Das Ensemble gehört zu den bekanntesten des Landes. Hier werden Klassiker (u. a. auch Shakespeare) aufgeführt.

Royal Court Theatre ➡ südl. aD7
Sloane Sq.
Circle, District Line: Sloane Square
✆ (020) 75 65 50 00
www.royalcourttheatre.com
Das renommierte Theater im Herzen von Chelsea zeigt in zwei Sälen zeitgenössische und avantgardistische britische Stücke.

Shakespeare's Globe und Sam Wanamaker Playhouse ➡ F10
21 New Globe Walk, Jubilee, Northern Line: London Bridge
✆ (020) 74 01 99 19
www.shakespearesglobe.com
Tägl. 9–17 Uhr, Führungen und Ausstellung alle 30 Min., Führung Exhibition Tour £ 16/9, Bankside and Playhouse Tours £ 12.50/8, ohne Voranmeldung
Eine Zeitreise in die Shakespeare-Ära. Von April bis Oktober originelle Inszenierungen. Wer im Hof steht, hat bei Regen Pech, aber es gibt auch überdachte Balkonplätze. Im Sam Wanamaker Playhouse sind seit 2014 ganzjährig drinnen Stücke der hauseigenen Ensembles zu sehen.

Soho Theatre ➡ E5
21 Dean St.
Central Line: Tottenham Court Road
✆ (020) 74 78 01 00
www.sohotheatre.com
Comedy und zeitgenössisches Theater mitten in Soho. Zum Theater gehört eine beliebte Bar.

Nachbau des elisabethanischen Shakespeare-Rund-Theaters in Bankside

Theatre Royal Haymarket ➡ F5
18 Suffolk St.
Bakerloo, Piccadilly Line: Piccadilly Circus
✆ (020) 79 30 88 00
www.trh.co.uk
In dem Theater von 1720 waren die Uraufführungen von Oscar Wilde zu sehen. Heute besteht das Programm aus einer guten Mischung von klassischen und modernen Stücken.

Theatre Stratford East ➡ bA4
Gerry Raffles Sq.
Central, Jubilee Line: Stratford
✆ (020) 85 34 03 10
www.stratfordeast.com
Hier bekommen junge Schauspieler aus dem Londoner Osten eine Chance. Inszenierungen wie »Oh! What a Lovely War« erinnern an die Theaterdirektorin Joan Littlewood. DJ-Partys (Funky Fridays in der Bar). Mit Restaurant.

The Young Vic ➡ G8
66 The Cut
Bakerloo, Jubilee, Northern Line: Waterloo
✆ (020) 79 22 29 22
www.youngvic.org
Eines der bedeutendsten Theater für Stücke britischer Nachwuchsregisseure. ■

Shopping
Kleidung, Schuhe, Delikatessen, Wein, Bücher und Platten, Kaufhäuser, Märkte

London bietet schier unendliche Shoppingmöglichkeiten und ist auch deshalb ein ganzjährig beliebtes Reiseziel. Die exklusiven Traditionskaufhäuser von Harrods bis Selfridges, aber auch Malls wie das Westfield Shopping Centre in Stratford und Modeketten wie Top Shop ziehen Besucher aus aller Welt magnetisch an.

In Bond Street, Oxford Street, Regent Street und eleganten Passagen wie Burlington und Piccadilly Arcade, in King's Road, Carnaby Street, Covent Garden und in Seven Dials verleiten Ketten und exklusive Geschäfte zum Kaufrausch.

Kleidung und Schuhe

Burberry Factory Outlet
➡ östl. C13
29–53 Chatham Place
North Line: Hackney Wick Overground Station, ✆ (020) 89 85 33 44
www.burberry.com
Mo–Sa 10–18, So 11–17 Uhr
In der früheren Fabrik von Burberry bekommt man Trenchcoats, Markenkleidung von Christopher Bailey etc. 30–70 % preiswerter. Große Auswahl.

Irregular Choice ➡ F4
35 Carnaby St.
Central, Bakerloo Line: Oxford Circus
✆ (020) 74 94 48 11, www.irregularchoice.com/carnaby-store
Mo–Mi 10–19, Do–Sa bis 20, So 11–19 Uhr
Flippig-bunte und punkige Schuhe und Accessoires des Londoner Designers Dan Sullivan, der in den 1970er Jahren in der King's Road aufwuchs.

Orla Kiely ➡ E6
31 Monmouth St.
Piccadilly Line: Covent Garden
✆ (020) 72 40 40 22
www.orlakiely.com
Mo–Sa 10–18.30, So 12–17 Uhr
Kleider, Taschen und Heimdeko mit den originellen farbenfrohen Mustern der irischen Designerin Orla Kiely.

Victoria's Secret ➡ F4
111 New Bond St.
Central, Jubilee Line: Bond Street
✆ (020) 73 18 17 40
www.victoriassecret.co.uk
Tägl. außer So 11–19 Uhr
Flagshipstore der beliebten US-Lingerie-Marke.

Delikatessen und Wein

German Deli ➡ bA4
The Hamlet Industrial Estate
96 White Post Lane
London Overground: Hackney Wick
✆ (020) 020 89 85 53 85
www.germandeli.co.uk
Mo, Sa/So 11–17, Di–Fr 11–19 Uhr
Deutsche Markenlebensmittel, selbst gebackenes Brot und Tagesgerichte am Rand des Olympiaparks auf dem Hamlet Industrial Estate, wo sich alternative Ateliers und Bars eingemietet haben. Auch auf dem Borough Market und in der Park Street in Mayfair.

Handford ➡ südl. aA4
105 Old Brompton Rd.
Circle, District, Piccadilly Line: South Kensington, ✆ (020) 75 89 61 13
www.handford.net
Mo–Sa 10–20.30, So 11–17 Uhr
Gut sortierter Weinladen mit kompetent beratenden Inhabern, Weinclub und Verkostungen.

»Rough Trade East« in der Brick Lane, ein riesiger Vinylplatten-Shop

Neal's Yard ➡ G10
6 Park St.; Jubilee, Northern Line: London Bridge
✆ (020) 73 67 07 99
www.nealsyarddairy.co.uk
Tägl. außer So 9–18 Uhr
Direkt neben dem Borough Market wird Käse aus ganz Großbritannien verkauft. Filialen in Covent Garden und im Spa Terminus (Großhändler öffnen Sa 9–14 Uhr für Privatkunden). Neal´s Yards Läden für Naturheilprodukte: Neal's Yard Remedies vgl. www.nealsyardremedies.com.

Pall Mall Fine Wine ➡ G5
6/7 Royal Opera Arcade
Bakerloo, Piccadilly Line: Piccadilly Circus
✆ (020) 73 21 25 29
www.royaloperaarcade.com
Tägl. außer So 8–19.30 Uhr
Gut sortierter Weinladen mit Bar in der Opernpassage.

Paul Rothe & Son ➡ E3
35 Marylebone Lane
Central, Jubilee Line: Bond Street
✆ (020) 79 35 67 83
www.paulrotheandsondelicatessen.co.uk
Mo–Fr 8–18, Sa 11–17 Uhr
Delikatessengeschäft von 1900 mit Marmeladen, Chutneys, Pickles, nostalgischen Süßigkeiten und Sandwichbar.

Twinings ➡ E8
216 Strand
Circle, District Line: Temple
✆ (020) 73 53 35 11
www.twinings.co.uk
Mo–Fr 9.30–19.30, Sa 10–18, So 11–18 Uhr
Der Gründer der weltbekannten Teemarke kaufte dieses Geschäft 1706. Neben einer faszinierenden Teeauswahl in gediegenen Holzregalen gibt es Verkostungen und eine kleinee Ausstellung, u. a. mit Teekannen und historischen Bildern der Gründerfamilie. Auch Tee-Seminare (Masterclasses, Mo–Fr 10–12, 2–6 Teilnehmer).

Bücher und Platten

Daunt Books ➡ D3
83 Marylebone High St.
Central, Jubilee Line: Bond Street
✆ (020) 72 24 22 95
www.dauntbooks.co.uk
Mo–Sa 9–19.30, So 11–18 Uhr
Schöner Buchladen mit Mezzanin und Galerien aus Eichenholz.

Rough Trade East ➡ D13
Old Truman Brewery
91 Brick Lane
London Overground: Shoreditch High Street
✆ (020) 73 92 77 88
www.roughtrade.com

Mo–Do 9–21, Fr bis 20, Sa bis 21, So 10–19 Uhr
Riesiger Vinylplatten-Shop des 1978 gegründeten Record-Labels in einer ehemaligen Stella-Artois-Brauerei. Auch Bücher, Bar, DJs, Events und ein cooler Passbildautomat.

Waterstones ➡ F5
203–206 Piccadilly
Bakerloo, Piccadilly Line: Piccadilly Circus, ✆ (020) 78 51 24 00
www.waterstones.com
Mo–Sa 9–22, So 12–18.30 Uhr
Eine der größten Buchhandlungen Europas. In der fünften Etage bietet 5th View einen schönen Ausblick.

Kaufhäuser

Fortnum & Mason ➡ F5
181 Piccadilly, Bakerloo, Piccadilly Line: Piccadilly Circus
✆ (020) 77 34 80 40
www.fortnumandmason.com
Mo–Sa 10–21, So 12–18 Uhr
Ein Muss für Feinschmecker und Shopping-Victims. Schrieb legendäre Geschichte vom Kolonialwarenhandel und Hoflieferanten zum Luxuskaufhaus. Mit Teesalon.

Türsteher in grün-goldener Livree bei Harrods

Harrods ➡ H2
87–135 Brompton Rd.
Piccadilly Line: Knightsbridge
✆ (020) 77 30 12 34
www.harrods.com
Mo–Sa 10–21, So 12–18 Uhr
Eines der berühmtesten Kaufhäuser der Welt – mit Delikatessenabteilung im Jugendstil.

Liberty ➡ E4
210–220 Regent St.
Bakerloo, Central, Victoria Line: Oxford Circus
✆ (020) 77 34 12 34
www.libertylondon.com
Mo–Sa 10–20, So 12–18 Uhr
Traditionskaufhaus von 1875 mit Schwerpunkt auf exklusiver Designerware und Schmuck.

Selfridges ➡ E4
400 Oxford St.
Central, Jubilee Line: Bond Street
✆ 08 00 12 34 00
www.selfridges.com
Mo–Sa 9.30–21, So 12–18 Uhr
Wurde 1909 eröffnet und nach dem Gründer benannt und ist eine feste Größe unter Londons exklusiven Kaufhäusern.

Märkte

Berwick Street Market ➡ F5
Berwick St., Bakerloo, Piccadilly Line: Piccadilly Circus
www.thisissoho.co.uk
Tägl. außer So 8–18 Uhr
Quirliger Obst- und Gemüsemarkt inmitten von Soho.

Borough Market ➡ G10/11
8 Southwark Street, Jubilee, Northern Line: London Bridge
www.boroughmarket.org.uk
Mo–Do Lunch 10–17 Uhr, voller Marktbetrieb Mi/Do 10–17, Fr 10–18, Sa 8–17 Uhr
Londons ältester Lebensmittelmarkt unter einer Bahnbrücke und in mehreren Hallen. Tolles Street Food.

Brick Lane Market ➡ C13
Brick Lane und Nebenstraßen
London Overground: Shoreditch High Street
www.visitbricklane.org
Sa/So 10–17 Uhr, Shops tägl.
Hier gibt es alles von Accessoires über Mode bis zu Antiquitäten. Viel Street Food und Vintage in den Hallen der Old Truman Brewery. In Fußnähe: Old Spitalfields Market, Petticoat Lane und Columbia Road Flower Market.

Brixton Market ➡ bB3
Beginnt an der Brixton Station
Victoria Line: Brixton
www.brixtonmarket.net
Fr/Sa 10–17, So 10–14 Uhr
Mode, Lebensmittel, Vintage- und Flohmarkt.

Camden & Camden Lock Market ➡ nördl. A4
Camden High St., Chalk Farm Rd.
Northern Line: Camden Town, Chalk Farm
www.camdenmarket.com
Tägl. an 10 Uhr bis abends
Markt an der Schleuse von Camden draußen und in den Stables innen mit einem breiten Angebot: Mode, Kunst, Möbel sowie Lebensmittel.

Columbia Road Flower Market ➡ B13
Columbia Rd.
Central Line: Bethnal Green
www.columbiaroad.info
So 8–15 Uhr, Geschäfte sonst auch geöffnet
Farbenfroher Blumenmarkt, umgeben von Geschäften für alles andere.

Covent Garden Market ➡ F6
The Piazza Covent Garden
Piccadilly Line: Covent Garden
www.coventmarket.com
Mo–Do/Sa 8–18, Fr bis 19.30, So 11–16 Uhr
Die frühere Markthalle ist heute eher eine Shopping Mall mit Restaurants und Boutiquen.

Originelles auf dem Old Spitalfields Market

Old Spitalfields Market ➡ D12/13
Horner Sq.
London Overground: Shoreditch High Street
www.oldspitalfieldsmarket.com
Mo–Fr/So 10–17, Sa 11–17 Uhr
Überdachter Markt in einer historischen Halle, wo von Lebensmitteln über Kunst bis zu Kleidung alles verkauft wird. Restaurants und Food Trucks.

Petticoat Lane Market ➡ E12
Middlesex St. und angrenzende Straßen
Central, Circle, Metropolitan Line: Liverpool Street
Tägl. außer Sa 9–14 Uhr, Mo–Fr nur Wentworth St.
Berühmter und einer der ältesten Londoner Flohmärkte mit allerlei Trödel und Elektronik.

Portobello Road Market ➡ nördl. aA1
Portobello Rd.
Central, Circle, District Line: Notting Hill Gate; Circle, City Line: Ladbroke Grove
www.portobelloroad.co.uk
Fr/Sa 9–19, So 9–18 Uhr, Mo–Do 9–13 Uhr Obst, Gemüse
Über 1500 Händler sind samstags auf dem größten Flohmakt Londons zu finden. ■

Mit Kindern in London

Changing of the Guard vor 8 **Buckingham Palace** und den 1 **Tower** kennen die meisten Kinder aus dem Englischunterricht. Klar möchten sie das alles gern im Original sehen, doch noch viel aufregender finden sie zumeist eine Fahrt mit dem Riesenrad 4 **London Eye** und die **Harry Potter Studios** im 32 Kilometer entfernten Watford. In London kann man auf den Spuren von Harry Potter entweder selbst nach Gleis 9 3/4 im Bahnhof King's Cross St. Pancras suchen oder sich der Stadtführung **»Harry Potter Film Locations in the City«** (www.walks.com) anschließen.

Jugendliche begeistern sich für **Graffiti-Führungen** (www.alternativeldn.co.uk) in Shoreditch und können sich danach bei einem Workshop mit Spray und Wandfarbe selbst künstlerisch verwirklichen.

Selbstverwirklichung mit Spraydose und Wandfarbe auch für Touristen: Street Art in Shoreditch

Zum Ausruhen, Toben und Spielen geht es in die grünen Lungen der Stadt. Der **Regent's Park** hat zudem einen Zoo mit Canopy Walk und neuem Tigergehege. Ein beliebter Familienausflug führt mit dem Boot über die Themse nach **Greenwich**, wo es den Dreimaster Cutty Sark, einen Fußgängertunnel unterhalb der Themse, viel Grün und das Königliche Observatorium (Royal Observatory) zu entdecken gibt.

Der Hit unter den Museen ist das spektakuläre **Natural History Museum**, das Naturhistorische Museum mit seiner großen Dinosaurierausstellung. Im Winter gibt es hier auch eine Eislaufbahn. Um die Ecke lockt das **Science Museum**, u. a. mit schwindelerregenden 3D-Videos und Simulationen. Je nach Interesse und Alter sind auch **Madame Tussauds**, das **London Transport Museum** in Covent Garden oder das **Clink Prison Museum**, im Mittelalter ein Gefängnis, interessant.

Attraktionen für Kinder und Jugendliche auch das recht gruselige **London Dungeon** und das **Sea Life Aquarium.** Ein in Little Venice ankerndes Schiff zeigt **Puppentheater**. Von hier fährt auch ein Wasserbus über den Kanal bis Camden Lock Market. Das Kaufhaus **Hamleys** (200 Regent St., www.hamleys.com) ist ein Paradies für Kinderspielzeug. Und mal Pause machen! Restaurantketten wie **Nando's** (www.nandos.co.uk) und **Wahaca** (www.wahaca.co.uk) sind preisgünstig und familienfreundlich. Die Filialen von **Hotel Chocolat** (www.hotelchocolat.com) bieten leckeren Kakao, Kaffee, Schoko-Cookies und süße Souvenirs.

Clink Prison Museum ➡ G10
Vgl. S. 39.

»Cutty Sark« ➡ bB4
King William Walk
DLR: Cutty Sark for Maritime Greenwich
Boot: Thamses River Services ab Westminster Pier
www.rmg.co.uk/cuttysark
✆ (020) 88 58 44 22
Tägl. 10–17 Uhr
Eintritt £ 13.50/7 (bis 15 J.), bis 4 J. frei, Tickets für ein Zeitfenster online oder an der Kasse
Der Dreimaster brachte ab 1869 begehrte Waren wie Tee oder Wolle aus Übersee nach England. Hausgemachte Kekse und Gebäck im **Even Keel Café** an Bord.

Potter Studio Tour ➡ nördl. bA1

Für Harry-Potter-Fans aus aller Welt führt an einem Besuch der Warner Bros. Studios, 32 Kilometer von London entfernt, kein Weg vorbei. Der Blick hinter die Kulissen der achtteiligen Filmreihe, die hier zehn Jahre lang nach den Bestsellern von Joanne K. Rowling gedreht wurde, ist einfach umwerfend. Das Making-of einer der aufwendigsten Filmproduktionen überhaupt ist unvorstellbar detailreich. Besucher schreiten durch die Große Halle von Hogwarts und können sich dann von den Filmkulissen fesseln lassen. Sehr faszinierend ist der Creature Shop genannte Raum, wo man schrillen Dienern wie Dobby begegnet oder erfährt, dass während der Dreharbeiten 100 Techniker beschäftigt wurden, um den riesigen Aragog zu bedienen. 86 Künstler und Mitarbeiter bauten sieben Monate lang an dem erstaunlichen Modell von Schloss Hogwarts, das man sich parallel an Bildschirmen auch im Film ansehen kann. Fotografieren ist überall erlaubt, außer in den Kabinen für die Greenscreen-Effekte. Hier kassiert das Studio selbst für die Fotos und DVDs von Besuchern, die wie Harry Potter auf dem Hexenbesen durch die Londoner Straßen fliegen oder mit dem Auto abheben. Wer danach keinen Zauberstab aus dem riesigen Potter-Devotionalien-Shop mitnimmt …

Warner Bros. Studio Tour
Leavesden, Watford
London Overground ab London Euston: Watford Junction (20 Min.), dann Shuttlebus (£ 2; 15 Min.), über die Website auch Bustickets ab Victoria Station inklusive Eintritt buchbar
✆ (0845) 084 09 00
www.wbstudiotour.co.uk
Tägl. 10–18 Uhr, Eintritt £ 39/31 (bis 15 J.), Familie £ 126. Das Ticket muss im Voraus für ein Zeitfenster online gekauft werden.

Ein faszinierender Blick hinter die Kulissen: The Making of Harry Potter in den Warner Bros. Studios

Gruseliges aus der Geschichte Englands: Jack the Ripper im London Dungeon

London Dungeon ➡ H7
County Hall, Westminster Bridge Rd.
Bakerloo, Jubilee, Northern Line: Waterloo
✆ (020) 74 03 72 21
www.thedungeons.com
Mo–Mi, Fr 10–17 Uhr, Do 11–17, Sa/So 10–18 Uhr
Eintritt £ 21/18,50 (bis 15 J.), Kombiticket (30 Tage gültig) wahlweise mit London Dungeon, Sea Life Aquarium, London Eye, Madame Tussauds, Shreks Adventures, London Attraction Ticket ab £ 39, günstiger über Visit Britain
Professionelle Schauspieler, *special effects*, Shows zu grausamen Ereignissen während 1000 Jahren Londoner Geschichte; Folter im Mittelalter, Jack the Ripper… Für wirklich starke Nerven ab acht Jahren.

London Transport Museum ➡ F7
Vgl. S. 31.

Madame Tussauds ➡ D2
Vgl. S. 31 f.

Natural History Museum ➡ aD4
Vgl. S. 34.

Puppet Theatre Barge
➡ westl. D1
Gegenüber von 35 Blomfield Rd. Little Venice
Bakerloo Line: Warwick Avenue
✆ (020) 72 49 68 76
www.puppetbarge.com
Vorstellungen meist ab 15 Uhr
Eintritt £ 12/8.50
Puppentheater für Kinder ab drei Jahren in einem Schiff in der Nähe von Marble Arch.

Sea Life Aquarium ➡ H7
County Hall, Westminster Bridge Rd., Bakerloo, Jubilee, Northern Line: Waterloo
✆ (087) 16 63 16 78
www.visitsealife.com/london
Mo–Fr 10–17, Sa/So 9.30 bis 18 Uhr
Eintritt £ 20,40/16.30 (bis 15 J.), bis 2 J. frei, Kombi- und Onlineticket vgl. London Dungeon
Haie, Stachelrochen und insgesamt 500 Meerestiere aus 14 Lebensräumen.

Science Museum ➡ aD4
Vgl. S. 35.

Unicorn Theatre for Children
➡ G12
147 Tooley St., Jubilee, Northern Line: London Bridge
✆ (020) 76 45 05 00
www.unicorntheatre.com
Theaterstücke, Events und Touren hinter den Kulissen für Kinder von vier bis zwölf Jahren.

ZSL London Zoo ➡ A2
Regent's Park
Northern Line: Camden Town
✆ (034) 4 2 25 18 26
www.zsl.org/zsl-london-zoo
Tägl. ab 10 Uhr, Schließzeit je nach Jahreszeit zwischen 16 und 18 Uhr, Eintritt online £ 24.30/ 18, bis 2 J. frei
Vom Pinguin bis zum Tiger: Sie sind alle da. ■

Erholung und Sport
Parks, Spas und Swimming Pools

Londons **Parks und Grünflächen** bieten viel Raum zur Erholung und für Aktivitäten. Bis Ende Oktober lassen die Temperaturen es auch zu, zwischen Gabriel's Wharf und Southbank Centre auf einer Bank zu sitzen und das Themsewasser an sich vorbeifließen zu lassen. Bei einer **Flussfahrt** (vgl. Service von A bis Z: Sightseeing, Touren) in das grüne Hampton Court oder Greenwich kann man auch schon in Richmond aussteigen und dort im früheren königlichen Park flanieren und das Rotwild beobachten. Bänke mit Kiezflair im Schatten von Bäumen gibt es auch auf den zahlreichen Squares mitten im Shopping-Trubel der Stadt, z. B. am noblen St. James's Square.

Londons berühmteste grüne Lunge, der **Hyde Park**, wartet mit Reitwegen, dem Serpentine Lake und den Sonntagsrednern der Speakers' Corner auf. Zentral liegen auch **Kensington Gardens, Green Park** und **St. James's Park**, deren weite grüne Wiesen bei schönem Wetter zum Frisbeespielen oder Picknicken einladen. Die alten viktorianischen **Gewächshäuser** der Kew Gardens sind etwas für Pflanzenliebhaber, im Regent's Park liegt der **Zoo**, und der nahe **Primrose Hill** sowie **Hampstead Heath** bieten einen schönen Ausblick bis zur Skyline an der Themse. Mit Rad- und Wanderwegen, Aussichtsplattform (Orbit mit Rutsche) und Sportstätten bietet der **Queen Elizabeth Olympic Park** vielfältige Möglichkeiten zur Freizeitgestaltung. Wer genügend Zeit mitbringt, kann an den kleinen Kanälen von **Hackney Wick** (Canal Park am Lee) direkt nebenan Landluft schnuppern und alternative Cafés und Ateliers entdecken, die im Vergleich zu Camden, Ladbroke Grove und dem Regent's Canal noch wie touristisches Neuland anmuten.

Parks

9 **Hyde Park** ➡ F/G1/2
Central Line: Marble Arch; Piccadilly Line: Hyde Park Corner
Tägl. 5–24 Uhr

1536 war der Hyde Park noch königliches Jagdgebiet von Heinrich VIII., heute sind hier Tai Chi, Radfahren, Paddeln auf dem Serpentine Lake (Schwimmen von Juni bis Sept.), Tennis, Reiten so-

Relaxen im Hyde Park

wie Picknicken angesagt. Der Gedächtnisbrunnen für Prinzessin Diana am Serpentine Lake mit seinen Paddelbooten und Speakers' Corner zählen zu den Attraktionen. Ausritte, Reitstunden und Ponyreiten unter www.hydepark stables.com.

Kensington Gardens ➡ aB/C3/4
Central Line: Queensway, Lancaster Gate
Tägl. 6 Uhr bis zur Dämmerung
Mit 242 ha schließt sich dieser Park an den Hyde Park an und zählt ebenfalls zu den acht königlichen Parks der Hauptstadt. Zur Teezeit ist die barocke Orangerie in der Nähe vom Kensington Palace beliebt, mit Kindern das Piratenschiff auf dem Abenteuerspielplatz.

Kew Gardens/
Royal Botanic Gardens ➡ bB2
Kew Rd.
District Line: Kew Gardens
✆ (020) 83 32 56 55
www.kew.org
Tägl. ab 10–18.30, Sa/So 20.30 Uhr, variable Schließzeiten und Pflanzenausstellungen vgl. Website
Eintritt £ 15.50/2.50
Die Pflanzenpracht in den Royal Botanic Gardens (seit 2003 UNESCO-Weltkulturerbe) präsentiert sich zu jeder Jahreszeit anders. Besonders spektakulär sind die historischen Gewächshäuser (19. Jh.) u. a. mit Palmen und einem Wasserlilienteich. Der Landschaftsgärtner William Chambers legte den Garten Mitte des 18. Jh. für Prinzessin Augusta und ihren Mann Frederick, Prince of Wales, rund um den Kew Palace an, inklusive der 50 m hohen Chinesischen Pagode. Königin Viktoria ließ den Park auf 120 ha vergrößern.

Regent's Park ➡ B/C2/3
Bakerloo Line: Regent's Park; Northern Line: Camden Town
Tägl. 5–16.30/18 im Winter und 21.30 Uhr im Sommer
Der Architekt John Nash gestaltete die 395 ha große grüne Oase. Dazu gehören Teiche, der Queen Mary's Rosengarten und der Zoo (vgl. Mit Kindern in London). Von Mai bis September hat das beliebte Freilufttheater Saison (https://openairtheatre.com).

St. James's Park ➡ G/H5
The Mall
Circle, District Line: St. James's Park
Tägl. 5–24 Uhr
Der idyllische Park mit Teich grenzt an Buckingham Palace. Wer sonntags um 10 oder in der Woche um 11 Uhr herkommt, kann sich den Wachwechsel zu Pferd vor Buckingham Palace vom Park aus ansehen. Ein **Memorial**

Gekrümmtes Glas und ein spezielles Eisenskelett: das Palm House in Kew Gardens im Herbst

Walk mit 90 Wegmarken lädt dazu ein, auf den Spuren von Prinzessin Diana zu wandeln.

Green Park (40 ha), der kleinste der königlichen Parks, liegt nebenan und ist 24 Stunden geöffnet.

Spas und Swimming Pools

Aquatics Centre ➡ bA4
Queen Elizabeth Olympic Park
Central Line, DLR, London Overground: Stratford
www.londonaquaticscentre.org
Tägl. 6–22.30 Uhr, vgl. Website
Eintritt £ 5.20/2.50
Von Zaha Hadid entworfen, Wassersportarena der Olympiade 2012 und seit 2014 ein öffentliches Schwimmbad mit zwei 50-m-Pools, einem 25-m-Tauchbecken, Schwimmkursen und Aktivitäten wie Wasserpolo und Synchronschwimmen.

Hampton Heated Open Air Pool ➡ bB2
High St.
District Line: Richmond
✆ (020) 82 55 11 16
www.hamptonpool.co.uk
Ganzjährig geöffnet, differenzierte Öffnungszeiten vgl. Website
Eintritt Schwimmbad £ 6.40/3.60, Sauna £ 5.40 (ab 16 J.)
Beheiztes Freibad mit Sauna, Fitnessstudio. Auch Kurse: von Pilates über Yoga bis zu Wassergymnastik.

Porchester Spa ➡ nördl. aA3
Queensway
Circle, District Line: Bayswater
✆ (020) 73 13 38 58
www.porchesterspatreatments.co.uk
Mo, Mi, Sa 10–22 Uhr nur Männer, sonst nur Frauen, letzter Einlass 20 Uhr, Eintritt £ 28.55/9.25
Großes Spa mit Sauna und Anwendungen (Massage, Peeling, Entspannung und Beauty)

Bereits im 17. Jahrhundert der Öffentlichkeit zugänglich gemacht: St. James's Park

Tooting Bec Lido ➡ bB3
Tooting Bec Rd., Streatham Park
Northern Line: Tooting Bec
✆ (020) 88 71 71 98
Tägl. Mai–Aug. 6–20, Sept. 6–17 Uhr, Sauna Nov.–März
Eintritt £ 8.10/5.40
Das Freibad hat den mit 90 m Länge größten Pool Englands (im Art-déco-Stil) und auch ein Kinderbecken. Bei schönem Wetter stets voll.

Serpentine Lido ➡ F/G1/2
Kensington Gardens, Paddington
Piccadilly Line: Hyde Park Corner
✆ (020) 77 06 34 22
Juni–Mitte Sept. 10–18 Uhr, Im Mai Sa/So
Eintritt £ 4.80/1.80, Familienticket £ 12
Londons zentralstes Freibad im Hyde Park. Mit Café-Restaurant.

Urban Retreat ➡ H2
87–135 Brompton Rd.
Piccadilly Line: Knightsbridge
✆ (020) 78 93 83 33
www.urbanretreat.co.uk
Massage 50 Min. ab £ 70
Hamam ab £ 29, Zeiten nur für Frauen und Männer, aber auch gemischt, vgl. Website
Spa und Hammam im Obergeschoss von Harrods. Anwendungen für Haut, Haar und Körper sowie Parfumberatung. ■

Auf dem »Teppich von Bayeux« wird die Schlacht bei Hastings 1066 in Stickerei dargestellt

Daten zur Stadtgeschichte

43 Der römische Kaiser Claudius erobert das keltisch besiedelte Britannien. Die Römer erbauen Londinium und eine erste Holzbrücke über die Themse.

200 Die erste römische Stadtmauer entsteht um das Gebiet, das bis heute die Londoner City ist. Sie ist drei Kilometer lang.

449 Ab 410 wandern die Römer allmählich Richtung Germanien und 449 überlassen sie Londinium dem Verfall.

604 Angeln und Sachsen siedeln sich in London an, das auf um die 50 000 Einwohner anwächst und unter dem Namen Lundenevic Hauptstadt des angelsächsischen Königreichs Essex wird.

610 Die erste St. Paul's Kathedrale wird zum Bischofssitz.

1042 König Eduard der Bekenner aus dem Haus Wessex lässt einen Palast und die Benediktinerabtei St. Peter errichten, die heutige Westminster Abbey, wo er auch begraben ist.

1066 Der Normanne Wilhelm der Eroberer besiegt die Angelsachsen in der Schlacht von Hastings. Er wird in Westminster Abbey gekrönt.

Ansicht von London auf einem Kupferstich von Georg Braun und Frans Hogenberg (Köln, um 1575)

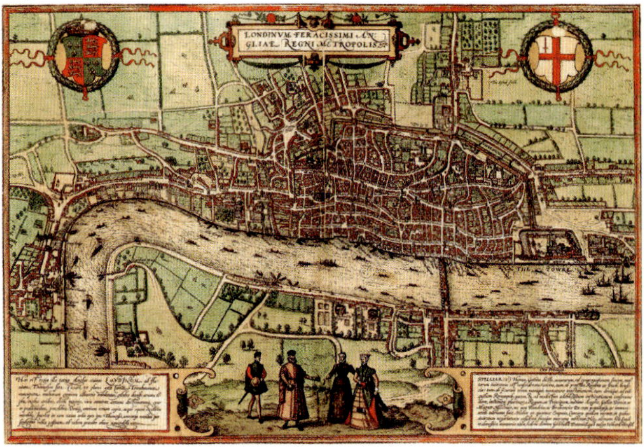

1078 Wilhelm der Eroberer lässt den White Tower bauen.

1176 Mit der Old London Bridge wird die erste Steinbrücke über die Themse gebaut.

1192 Die Zünfte wählen Londons ersten Bürgermeister.

1215 König Johann Ohneland unterzeichnet die Magna Charta. Damit gewährt er dem Adel Rechte und Freiheiten. Er erkennt das Recht der Zünfte an, den Lord Mayor zu wählen.

Heinrich VIII. (Gemälde seines Hofmalers Hans Holbein d. J., um 1536, Madrid)

1240 Erste Parlamentssitzung in Westminster.

1264/65 Aufstand der Stände. Heinrich III. wird gefangen genommen. Vertreter des britischen Adels berufen einen Kontrollrat ein, der als Vorläufer des Parlaments gilt.

1381 Die Bauern rebellieren gegen die Kopfsteuer und nehmen London ein. Ihr Anführer wird getötet.

1411 Der Grundstein für die Guildhall, das Rathaus der City of London, wird gelegt.

1455–85 Rosenkrieg der Häuser York (weiße Rose im Wappen) und Lancaster (rote Rose) um die Herrschaft in London.

1485 Beginn der Tudorzeit unter Heinrich VII. Wirtschaftlicher Aufschwung und Bevölkerungswachstum auf 200 000 Einwohner.

1509–47 Heinrich VIII. lässt zwei Exfrauen und den Humanisten Thomas Morus hinrichten, begründet die anglikanische Kirche und engagiert den Maler Hans Holbein.

1558–1603 Heinrichs Tochter Elizabeth I. läutet das Zeitalter der Künste, Entdeckungsreisen und Wissenschaft ein. 1565 werden die ersten Handelskompanien und 1570 die Warenbörse Royal Exchange gegründet. London erhält eine zentrale Wasserversorgung.

1597 William Shakespeare spielt mit seiner Truppe im neu erbauten Globe Theatre.

1603 Mit James I., Sohn von Maria Stuart, beginnt die Herrschaftszeit der Stuarts.

1605 Guy Fawkes versucht vergeblich, das Parlament in die Luft zu sprengen.

1642–49 Im Bürgerkrieg zwischen den Anhängern des Parlaments und den Royalisten wird König Karl I. hingerichtet. Lord Protektor Oliver Cromwell übernimmt die Herrschaft.

1660 Nach elf Jahren puritanischer Herrschaft und Theaterverbot erfolgt die Restauration der Stuarts unter Karl II.

Das Krönungsporträt der »jungfräulichen Königin« Elizabeth I. (um 1559) in der National Portrait Gallery

1665 Um die 70 000 Menschen sterben an der Pest.

1666 Der Große Brand von London zerstört in drei Tagen über die Hälfte der Stadt. Der Wiederaufbau respektiert den mittelalterlichen Grundriss und Straßenverlauf. Die ehemaligen Holzhäuser werden durch Steinhäuser ersetzt. In London wird über zehn Jahre lang eifrig gebaut. Sir Christopher Wren macht die Entwürfe für 52 Kirchen (etwa die Hälfte), darunter sein Meisterwerk, die St. Paul's Cathedral (Bauzeit 1675–1708).

1694 Gründung der Bank of England.

1707 London ist Hauptstadt Großbritanniens und von hier aus wird Schottland regiert.

1714 Der deutsche Komponist Georg Friedrich Händel wird Leiter der neuen Oper von London.

1714–27 Der Hannoveraner George I. übernimmt die Regierung. Die Stadt dehnt sich nach Westen aus.

1749 Bau der Westminster Bridge.

1753 Eröffnung des British Museum.

1763 Bau der Blackfriars Bridge.

1802 Londons Bevölkerung wächst auf fast eine Million Einwohner an. Der Seehandel floriert und der Hafen wird erweitert. Bis 1820 entstehen die Docklands.

1815 Duke Wellington besiegt Napoleon in Waterloo.

1829 London bekommt eine Polizeitruppe, die Metropolitan Police Force. Nach dem Vornamen ihres Gründers Sir Robert Peel nennt die Bevölkerung die Polizisten »Bobbies«. Die ersten von Pferden gezogenen Busse fahren bis Paddington.

1834 Westminster Palace brennt ab. Die Flammen verschonen nur Westminster Hall und den Jewel Tower.

1836 Gründung der London University. Eröffnung des Bahnhofs London Bridge Station.

1837–1901 Herrschaft von Königin Victoria, die im Buckingham Palace residiert. Massenarbeitslosigkeit führt bis 1866 zu Unruhen und zur Entstehung von Gewerkschaften. Großbritannien wird zur Seemacht. Vertriebene europäische Juden finden im East End Zuflucht.

1851 Mit zweieinhalb Millionen Einwohnern ist London die größte Stadt Europas und Schauplatz der ersten Weltausstellung.

1858 Errichtung der ersten Abwasserkanäle.

1863 Die Metropolitan Line zwischen Paddington und Farringdon Road ist die erste U-Bahn der Welt.

1886–94 Bau der Tower Bridge.

1899 Greater London besteht aus 28 Stadtbezirken *(boroughs)* und hat über sechs Millionen Einwohner.

1901 In London fahren die ersten elektrischen Straßenbahnen.

Die junge Queen Victoria (1842, Gemälde von Franz Xaver Winterhalter)

1904	Die ersten motorisierten Autobusse fahren in Londons Straßen.
1914–18	Erster Weltkrieg. Die ersten von Zeppelinen geflogenen Bombenangriffe fordern viele Opfer – 700 Tote und 2000 Verletzte – unter der Londoner Zivilbevölkerung.
1936	Eduard VIII. verzichtet auf den Thron, um die geschiedene Amerikanerin Wallis Simpson zu heiraten.
1939–45	Zweiter Weltkrieg. London wird durch Bombenangriffe, von den Briten »The Blitz« genannt, schwer zerstört. Die U-Bahn wird zum Luftschutzkeller. Über 30 000 Menschen sterben in der Stadt.
1948	Olympische Sommerspiele in London.
1952	Elizabeth II. wird zur Königin gekrönt.
1965	Verwaltungsreform: Das Greater London Council wird zur Stadtregierung.
1966	England gewinnt die Fußballweltmeisterschaft im Wembley-Stadion.
1968–71	Streik der Hafenarbeiter und Stilllegung der Docklands.
1973	Beitritt des Vereinigten Königreichs zur Europäischen Gemeinschaft.
1979	Margaret Thatcher wird erste weibliche Premierministerin.
1997	Die Labour Party unter Tony Blair gewinnt die Parlamentswahlen. Prinzessin Diana stirbt bei einem Autounfall.
2000	Eröffnung der Tate Modern.
2002	Im Februar stirbt Prinzessin Margaret mit 71 Jahren, einen Monat später ihre Mutter, Queen Mum, mit 101 Jahren.
2004	Eröffnung von 30 St Mary Axe, dem The Gherkin (»Essiggurke«) genannten Wolkenkratzer.
2005	Bei einem islamistischen Terroranschlag auf drei U-Bahn-Züge werden 56 Menschen getötet und 700 verletzt.
2008	Labour-Bürgermeister Ken Livingston wird von dem konservativen Boris Johnson abgelöst. Weltweite Finanzkrise.
2010	Der konservative Premier David Cameron muss eine Koalition mit den Liberal Democrats eingehen.
2011	Prinz William und Catherine Middleton heiraten in Westminster Abbey.
2012	60-jähriges Thronjubiläum der Queen. Big Ben wird offiziell in Elizabeth Tower umbenannt. London richtet die Olympischen Sommerspiele aus.
2013–15	Wolkenkratzer wie Walkie-Talkie, Pinnacle und Cheesegrater wachsen in die Höhe. Im Juli 2013 kommt Prinz George, das erste Kind von Prinz William und Herzogin Kate, auf die Welt; zwei Jahre darauf folgt Schwester Charlotte.
2016	Der Anbau der Tate Modern wird eröffnet. Der 45-jährige Sadiq Khan (Labour) wird Londons erster muslimischer Bürgermeister. Beim EU-Mitgliedschaftsreferendum im Juni stimmen 51,9 Prozent der Wahlberechtigten für den Austritt des Vereinigten Königreichs (Brexit). Premier David Cameron tritt zurück. Seine Nachfolgerin wird Theresa May.
2017/2018	Umfangreiche Austrittsverhandlungen mit der EU bis zum kompletten Austritt 2019. Das nach dem Brexit ein wenig abgewertete Pfund macht London-Reisen günstiger.
2018	Prinz Louis kommt als drittes Kind von Prinz William und Herzogin Catherine zur Welt. Am 19. Juni heiraten Prinz Harry und Meghan Markle in Windsor Castle. ■

London in Zahlen und Fakten

Fläche: 1572 km²
Lage: London erstreckt sich über 45 km entlang der Themse und liegt 15 m über dem Meeresspiegel.
Einwohner: ca. 8,6 Mio., 14,2 Mio. in der London Metropolitan Area
Bevölkerungszusammensetzung: Über 160 Nationalitäten leben in London. 73 % der Einwohner sind in Großbritannien geboren, ca. 5,3 % in anderen EU-, 23 % in Nicht-EU-Ländern, davon ca. 6 % in Indien, 5 % in Schwarzafrika, 4,8 % in der Karibik, etwas über 1 % in China.
Wirtschaft: London ist eines der wichtigsten Kultur-, Finanz- und Handelszentren der Welt. Es ist der größte der drei globalen Finanzplätze (neben New York und Tokio). Eine große Rolle spielen die High-Tech-Industrie, der Dienstleistungssektor und der Tourismus. Rund 30 Mio. Touristen reisen jährlich nach London, davon sind mehr als die Hälfte internationale Besucher.
Bildung: London verfügt über etliche Universitäten und Hochschulen. Rund 500 000 Studenten leben hier. Die University of London ist mit über 170 000 Studenten die größte Europas.

Anreise, Einreise

Besucher benötigen bei der Einreise nach Großbritannien einen Personalausweis bzw. Reisepass. Jedes Kind braucht einen eigenen Ausweis.

Mit dem Flugzeug

Von allen größeren deutschen Flughäfen starten Maschinen der Lufthansa und British Airways Richtung London. Beide Gesellschaften fliegen den im Westen der Metropole gelegenen **Airport Heathrow** (www.heathrowairport.com/de) an. Von dort fährt die U-Bahnlinie Piccadilly Line in ca. 45 Minuten ins Zentrum. Schneller geht es mit dem Heathrow Express (www.heathrowexpress.com), der alle 15 Minuten fährt und bis zur Paddington Station bei normalem Verkehr 15 Minuten braucht (eine Strecke £ 27, bis 15 J. frei, online £ 25).

Ryanair und Eurowings fliegen nach **London-Stansted** (www.stanstedairport.com). Von Stansted fährt jede halbe Stunde (8–17 Uhr sogar alle 15 Min.) der Stansted Express (www.stanstedexpress.com) zur Liverpool Street Station im Londoner East End (£ 17/8.50 einfach, £ 29/14.50 hin und zurück). Von dort geht es mit der U-Bahn weiter ins Zentrum.

Die Billigfluglinie Easy Jet fliegt zum **Gatwick Airport** (www.gatwickairport.com), südlich von London in der Grafschaft Surrey gelegen. Von hier kommt man mit dem Gatwick Express (www.gatwickexpress.com/de) zur Victoria Station. Züge verkehren von 0.35 bis 5.20 Uhr alle 30 Minuten, dann alle 15 Minuten (online einfach ab £ 17.80).

Der kleine **London City Airport** (www.londoncityairport.com) befindet sich in den Docklands, etwa 4,8 Kilometer von Canary Wharf entfernt. Er wird von Deutschland aus von British Airways, Lufthansa und aus der Schweiz von Swiss International Airlines angeflogen. Am Terminal gibt es eine Station der Docklands Light Railway (DLR), die den Besucher in acht Minuten zur U-Bahnstation Canning Town bringt. Von dort verkehrt die Jubilee Line der Underground ins Zentrum Londons.

Easy Jet fliegt auch **London Luton** an (www.london-luton.co.uk). Der Flughafen liegt 56 Kilometer von London entfernt und wer einen günstigen Flug hierher bucht, muss die Zugfahrt nach London mit einkalkulieren.

Mit der Bahn
Es kann eine gute Alternative sein, mit dem Zug nach London zu fahren, besonders wenn man in der Nähe der Strecke des Schnellzugs Thalys (www.thalys.com) wohnt, der von Dortmund, Essen, Duisburg über Düsseldorf, Köln und Aachen nach Bruxelles Midi fährt. Dann geht es weiter mit dem Eurostar (www.eurostar.com) durch den Kanaltunnel bis St. Pancras Station International.

Mit dem Auto
Mit dem eigenen Auto kann man die folgenden Fährlinien nutzen: Caen–Portsmouth, Calais–Dover, Cherbourg–Portsmouth und Poole, Dünkirchen–Dover, Roscoff–Portsmouth, St. Malo–Portsmouth und Poole, Hoek van Holland–Harwich. Der eigene Wagen wird auch Tag und Nacht im 15- bis 35-Minuten-Takt auf Shuttle-Zügen durch den **Eurotunnel** (www.eurotunnel.com) befördert. Vorbuchungen sind nicht notwendig, man sollte jedoch eine Stunde vor Abfahrt da sein.

Mit dem Bus
Wer spontan und dennoch günstig reisen will, nimmt den Bus. Zu den Niedrigpreis-Anbietern zählt Flixbus (www.flixbus.de, www.meinfernbus.de), z. B. von Bielefeld nach London Victoria Station für um die 50 € fährt, Fahrtzeit: ca. 19 Stunden.

Auskunft

Visit Britain informiert Sie vor der Reise, hat aber in Deutschland keine Vertretung mit Publikumsverkehr.

Tower Bridge und die Skyline der City of London

Visit London erteilt in seinen Visitor Centres Auskünfte zu Sehenswürdigkeiten, kulturellen Veranstaltungen, öffentlichen Verkehrsmitteln und nimmt auf Wunsch Hotelbuchungen vor. Man kann hier auch die Oyster Card, Theatertickets, Tickets für Sightseeing-Busse und sogenannte Fast-Track-Tickets, mit denen man vor beliebten Sehenswürdigkeiten nicht so lange warten muss, sowie den London Pass kaufen. Hier erhält man zudem die beiden wöchentlich erscheinenden, kostenlosen Veranstaltungsmagazine Time Out und What's On, die auch an U-Bahnstationen und in Cafés verteilt werden.
Neben den hier gelisteten Adressen gibt es weitere Visitor Centres am Flughafen Heathrow, an den Bahnhöfen Victoria und Euston Station, in Greenwich (2, Cutty Sark Gardens) und in Holborn (am Kingsway).

City of London Information Centre
➡ E10
St. Paul's Churchyard
Central Line: St. Paul's
✆ (020) 73 32 14 56
Mo–Sa 9.30–17.30, So 10–16 Uhr

Weitere zentrale Tourist Informationen von Visit London:
– **Piccadilly Circus Underground Station** ➡ F5
Bakerloo, Piccadilly Line: Piccadilly Circus
Tägl. 9.30–16 Uhr
– **St. Pancras International** ➡ B6
In der Ankunftshalle des Bahnhofs, LUL Western Ticket Hall
Northern, Victoria Line: King's Cross St. Pancras
Tägl. 8–18 Uhr
– **Liverpool Street Travel Information** ➡ D12
In der U-Bahnstation Liverpool Street
Circle, City, Metropolitan Line: Liverpool Street
Tägl. 8–18 Uhr

Diplomatische Vertretungen

Deutsche Botschaft ➡ H3
23 Belgrave Sq., London SW1X 8PZ
Eingang 1–6 Chesham Place
Piccadilly Line: Hyde Park Corner
✆ (020) 78 24 13 00
www.uk.diplo.de
Mo–Fr vgl. Website, nur nach Terminvereinbarung

Österreichische Botschaft ➡ H3
18 Belgrave Mews West
London SW1X 8HU
Piccadilly Line: Hyde Park Corner
✆ (020) 73 44 32 50, www.bmeia.gv.at
Mo–Fr 9–12 Uhr

Schweizer Botschaft ➡ E2
16–18 Montagu Place
London W1H 2BQ
Circle, City, Metropolitan Line: Baker Street, ✆ (020) 76 16 60 00
www.eda.admin.ch/london
Mo–Fr 9–12 Uhr

Feiertage, Feste, Veranstaltungen

Feiertage:

Neujahr (New Year's Day),
Karfreitag (Good Friday)
Ostermontag (Easter Monday)
Weihnachten – 1./2. Feiertag (Christmas Day und Boxing Day).

Der **London Pass** (www.londonpass.de) gewährt kostenlosen Eintritt in viele Sehenswürdigkeiten bzw. freie Teilnahme an Touren wie Bootsfahrten auf der Themse, insgesamt gilt er bei über 70 Attraktionen. Die Nutzung der Tube und des öffentlichen Nahverkehrs ist ebenfalls frei, wenn man den Pass inklusive Verkehrsnutzung *(Oyster Card)* wählt.

Man umgeht mit dem London Pass lange Warteschlangen und spart Geld, wenn man viele nicht staatliche Museen (bei staatlichen Museen ist der Eintritt ohnehin frei) besuchen möchte. Für einen Tag lohnt er sich ab der dritten Sehenswürdigkeit.

Der London Pass gilt ab dem Kaufdatum zwölf Monate, muss also keineswegs an aufeinanderfolgenden Tagen genutzt werden. Kinder zwischen fünf und 15 Jahren zahlen einen ermäßigten Preis. Wichtig: Bis elf Jahre können Kinder in Begleitung eines Erwachsenen mit gültiger Fahrkarte auch ohne London Pass kostenlos in den öffentlichen Verkehrsmitteln mitfahren. Preise vgl. Website.

Eine der größten Londoner Paraden: die »Gay Pride Parade« am Piccadilly Circus

Bei uns unbekannt sind die sogenannten **Bank Holidays**, der erste Montag im Mai (May Day Bank Holiday, anstelle des 1. Mai), der letzte Montag im Mai (Spring Bank Holiday) und der letzte Montag im August (Summer Bank Holiday).

Die meisten Sehenswürdigkeiten und Museen schließen über die Weihnachtsfeiertage, manche sogar bis zum 1. Januar.

Ausgewählte Feste und Veranstaltungen:

Januar
January Sales – Winterschlussverkauf
London International Boat Show – Ausstellung in den Docklands (www.londonboatshow.com)

Februar
Chinese New Year – Umzüge, Feuerwerk und Papierdrachen (vor allem in Soho)

März
Chelsea Spring Antiques Fair – Antiquitätenmesse, King's Road, Chelsea
St. Patrick's Day Festival – Konzerte und eine Parade an der South Bank

April
Oxford and Cambridge Boat Race – die berühmte Regatta der beiden Universitätsstädte auf der Themse, Start an der Putney Bridge (http://theboatraces.org)
Virgin Money London Marathon – Marathonlauf von Greenwich bis The Mall (www.virginmoneylondonmarathon.com)
Royal Gun Salutes – zum Geburtstag der Königin am 21.4. werden um 12 Uhr im Hyde Park und um 13 Uhr am Tower Salutschüsse abgefeuert.

Mai
Royal Windsor Horse Show – die größte Reitsportveranstaltung des Landes am Windsor Castle (www.rwhs.co.uk)
Chelsea Flower Show – Blumenschau in Chelsea (www.rhs.org.uk)
FA Cup Finale – das Fußballereignis der Saison findet im Wembley Stadium statt

Juni
Wimbledon Lawn Tennis Championship – das bedeutendste Grand-Slam-Tennisturnier der Welt in Wimbledon (www.wimbledon.com)
Royal Ascot Races – das berühmte Pferderennen in Ascot bei Windsor (www.ascot.co.uk)
Trooping the Colour – farbenprächtiges Spektakel anlässlich des offiziellen Geburtstags der Queen
Greenwich & Docklands International Festival – kostenlose Shows, Konzerte und Straßentheater (www.festival.org)
Pride London Festival Fortnight – zweiwöchiges Festival der Gay Community mit Parade und einer Vielzahl

von Partys und kulturellen Veranstaltungen (prideinlondon.org)
Taste of London – Kulinarisches Festival der Restaurants und Chefköche im Regent's Park und beim Primrose Hill in der dritten Juniwoche (https://london.tastefestivals.com)

Juli
Henley Royal Regatta – Ruderregatta in Henley-on-Thames bei Oxford (www.hrr.co.uk)
Soho Summer Festival – Sommerfest mit Musik, Essen und Programm zu Wohltätigkeitszwecken in Soho (www.thesohosociety.org.uk)

August
Notting Hill Carnival – Karibik-Feeling, Samba-Tänze und Steel Bands, Karneval in Notting Hill Gate (www.thelondonnottinghillcarnival.com)

September
Last Night of the Proms – Abschlusskonzert der Promenadenkonzerte in der Royal Albert Hall (www.royalalberthall.com)
The Great River Race – traditionelles Bootsrennen von Ham House in Richmond bis Island Garden, gegenüber von Greenwich (www.greatriverrace.co.uk)
London Design Festival – Eine Woche Mitte September an verschiedenen Orten, u. a. im V & A Museum (www.londondesignfestival.com)
The Mayor's Thames Festival – Familienfest an der South Bank, Lichterumzug (http://totallythames.org)
Brick Lane Music Festival – Musik- und Tanzfestival der Kulturen

Oktober
London Film Festival – Großes Filmfestival für britischen und internationalen Film (www.bfi.org.uk/lff)
Trafalgar Day Service and Parade – zum Gedenken an die siegreiche Seeschlacht von Trafalgar und an Lord Nelson, Trafalgar Square
Diwali – Hindu-Fest der Lichter und Kulturen am Trafalgar Square mit Street Food, Musik, Tanz und Lichtershow (www.diwaliinlondon.com)
Halloween – Viele Londoner feiern in den Clubs und ziehen kostümiert durch die Straßen. Kinder ziehen beim *trigger treating* von Haus zu Haus.

Britische Pfundmünzen

November
London to Brighton Veteran Car Race – Oldtimer-Rennen von London nach Brighton, Start im Hyde Park (www.veterancarrun.com)
State Opening of the Parliament – die Königin eröffnet mit ihrer Rede die Parlamentssaison, Umzug ab 11 Uhr vom Buckingham Palace zum Parliament
Remembrance Sunday – Volkstrauertag, die Queen legt am Kenotaph in Whitehall einen Kranz nieder
Guy Fawke's Day – am 5. November Strohpuppenverbrennungen und Straßenumzüge anlässlich des Jahrestages des Gun Powder Plots. Der Tag ist auch als Bonfire Night bekannt und erinnert an das gescheiterte Attentat des Sprengstoffexperten Guy Fawke auf König Jakob I. und das Parlament im Jahr 1605
Election of Lord Mayor of London – Wahl des Bürgermeisters der City von London, Umzug in historischen Kostümen. bei der Lord Mayor´s Show (https://lordmayorsshow.london). Das Fest hat eine über 800jährige Tradition und endet mit einem großen Feuerwerk an der Themse am späten Nachmittag. Besucher haben auch Gelegenheit, an kostenlosen historischen Führungen kostümierter Guides teilzunehmen

Dezember
New Year's Eve – Silvesternacht mit großem Feuerwerk am London Eye und einer Street Party am Trafalgar Square

Geld, Kreditkarten

Der **Wechselkurs** zum britischen Pfund (£) liegt derzeit (Mai 2018) bei € 1,15, bzw. € 1 entspricht £ 0.87. In Hotels und größeren Läden sowie an den Automaten der Tube kann man in der Regel mit Master- und Kreditkarten bezahlen, aber in kleinen Läden und Restaurants erkundigt man sich besser vorher.

Bei Diebstahl oder Verlust muss die Karte umgehend gesperrt werden. Erkundigen Sie sich, ob Ihre Karte über die **zentrale Sperrnummer** für Deutschland ✆ **+49 116 116** gesperrt werden kann.

Seit 2016 werden schrittweise neue Banknoten (z. B. Fünf-Pfund-Schein) aus Kunststoff eingeführt.

Hinweise für Menschen mit Handicap

Die hilfreichste Publikation für Menschen mit Behinderungen ist »Access in London«, die man unter der folgenden Adresse bestellen kann:

The Access Project
39 Bradley Gardens, West Ealing
London W13 8HE
http://accessinlondon.org
Der Ratgeber wird regelmäßig aktualisiert und ist gratis, aber die Herausgeber erwarten eine Spende von £ 5 für Druck und Porto.

Internet

Das von The Cloud bereitgestellte WLAN-Angebot in der City of London und in der London Overground ist kostenlos. Auch in den meisten Cafés und Museen steht WLAN kostenlos zur Verfügung, während man in einigen, wenigen Hotels noch bezahlen muss.

Informative Websites:

www.cityoflondon.gov.uk – offizielle Seite der Stadt
www.visitlondon.com – Seite des Londoner Fremdenverkehrsamts
www.visitbritain.de – auch die Seite des Fremdenverkehrsamts für Großbritannien bietet hilfreiche und aktuelle Infos zu London
www.visitbritainshop.com/deutschland – hier kann man vor der Reise günstige Fahrkarten und Eintrittskarten bestellen.
www.londontown.com – sehr hilfreiche und ausführliche Seite
www.london.de – Informations- und Buchungseite der Rheinkurier GmbH
www.timeout.com/london – Seite des bekannten Stadtmagazins »Time Out«

Klima, Kleidung, Reisezeit

Prinzipiell sollte man auf Niederschläge vorbereitet sein und einen Schirm oder eine leichte Regenjacke einpacken. Der Mai ist der regenärmste Monat, zudem blüht es dann farbenfroh in den Parks. Im Sommer steigen die Temperaturen an manchen Tagen auf bis zu 30 Grad. Im Herbst bleibt es in der Regel länger schön und bis Anfang November kann es verhältnismäßig warm sein (bis zu 20 Grad). Im Winter regnet es häufig und kann auch schon mal unter null Grad kalt werden, aber London ist ein Shoppingparadies, insbesondere vor und nach Weihnachten. Kurzum: Die britische Metropole ist zu jeder Jahreszeit eine Reise wert.

Medizinische Versorgung

Bürger der EU sowie der Länder, die mit Großbritannien ein Gesundheitsabkommen vereinbart haben, werden kostenlos bei Ärzten und in Krankenhäusern des *National Health Service* behandelt. Man braucht eine europäische Gesundheitsversicherungskarte (EHIC), ansonsten wird die Behandlung in Rechnung gestellt und man kann sie von der Krankenkasse zu Hause zurückerstattet bekommen.

Auf jeden Fall sollte man wie bei allen Reisen eine Auslandskrankenversicherung abschließen. Der Kostenaufwand ist überschaubar, ist sie doch schon für unter € 10 erhältlich.

Notfälle, wichtige Rufnummern

Notruf für Polizei, Krankenwagen und Feuerwehr ✆ 112 oder 999
Notruf bei Straftaten ✆ 101
Telefonvorwahl London ✆ 020
Telefoniert man im Londoner Festnetz, so muss man die Vorwahlnummer ✆ 020 nicht wählen, außer bei Telefonaten mit Handy ins Festnetz.

Vorwahl für Großbritannien ✆ +44
Vorwahl für Deutschland ✆ +49
Telefonauskunft Inland ✆ 192
Telefonauskunft Ausland ✆ 153
Sperrnummern für Karten vgl. Geld, Kreditkarten.

Post, Briefmarken

Postämter sind montags bis freitags 9–17.30 und samstags 9–12.30 Uhr geöffnet. Auch Zeitschriftenläden und Kioske *(newsagent)* verkaufen Briefmarken. Postkarten und Briefe kosten bis 100 Gramm £ 1.52, wenn sie innerhalb der nächsten fünf Tage ankommen sollen.

Hauptpostamt
Trafalgar Square Post Office ➡ F6
24–28 William IV St., London WC2N 4DL, Mo–Fr 9–18.30, Sa 9–17.30 Uhr

Presse

Die britische Zeitungslandschaft ist sehr vielfältig. Die höchsten Auflagen erreichen die nach ihrem Format benannten *tabloids* der sogenannten *gutter press*, der »Gossenpresse«, mit Sun, Daily Star und Daily Mirror. Ein wenig seriöser sind Daily Mail, Daily Express und Evening Standard. Weltbekannt, hoch angesehen und informativ sind die Times, The Guardian, The Independent und The Daily Telegraph.

Überregionale deutsche Tageszeitungen sowie die gängigen Magazine sind problemlos zu bekommen.

Rauchen

Seit 2007 ist das Rauchen an allen öffentlichen Orten und am Arbeitsplatz in Großbritannien verboten, auch auf Bahnsteigen und in allen Kneipen. Bei Verstößen drohen Geldstrafen.

Sicherheit

London ist nicht gefährlicher als andere große europäische Städte, aber wie überall sollte man auf seine Wertgegenstände und Handtaschen aufpassen, beim Abheben von Geld an Bankautomaten die Nummer mit der Hand verdecken und nachts nicht allein in dunklen Ecken herumlaufen. Seien Sie wachsam. Achten Sie auf Flughäfen, Bahnhöfen und in Verkehrsmitteln gut auf Ihr Gepäck.

Taxifahrer ohne Lizenz nehmen Touristen gern schon mal etwas mehr Geld ab. Am besten fährt man mit lizensierten Black Cabs oder Minicabs. Alle lizensierten Taxis haben hinten unter dem Nummernschild ein Schild mit der Lizenznummer.

Sightseeing, Touren

Busrundfahrten:

Original London Sightseeing Tour ➡ G6
The Original London Visitor Centre
17–19 Cockspur St., Bakerloo, Northern Line: Charing Cross
✆ (020) 88 77 17 22
www.theoriginaltour.com
24 Std. Ticket £ 32/15 (online £ 29/ 13.50), 48 Std. £ 42/20 (online £ 38/18, inkl. drei Stadtspaziergängen und einer Bootsfahrt auf der Themse, bei 48 Std. bis nach Greenwich
Bei der Stadtrundfahrt mit dem oben offenen, roten Doppeldeckerbus kann man ein- und aussteigen, wo man möchte. Es gibt eine gelbe, eine rote und eine blaue Route.

Stadtspaziergänge:

London Tours auf Deutsch ➡ D3
Block M, Ossingston Buildings
✆ (020) 78 60 78 24 03
www.londontoursaufdeutsch.com
April–Okt. So 10.30–12.30, Treffpunkt U-Bahn-Ausgang Green Park
Ticket £ 17/8 (online £ 15.30/7.20)
Stadtrundgang durch Westminster, Whitehall und St. James.

Alternative London Walking Tours ➡ C11
The Alternative London Bus
1–3 Rivington St.

Northern Line: Old Street; London Overground: Shoreditch High Street
www.alternativeldn.co.uk
Street-Art-Tour Sa/So 11 Uhr, weitere Touren, u. a. kulinarisch, Fahrrad und soziale Projekte vgl. Website
Junge Street-Art-Experten führen die Teilnehmer durch das kreative East End und zeigen ihnen Murals (Wandmalereien). Für £ 32 kann man an einer Tour (4 Std.) teilnehmen und nach einer Mittagspause selbst bei einem Workshop die *Stencil*-Technik erlernen.

London Walks
✆ (020) 76 24 39 78
www.walks.com
Ticket £ 10/8, unter 15 J. in Begleitung der Eltern frei
Täglich von morgens bis abends spannende Stadtrundgänge (Dauer ca. 2 Std.) mit engagierten Führern, allerdings auf Englisch. Die Treffpunkte stehen auf der Website. Neben Spaziergängen durch einzelne Viertel oder über Märkte sowie Führungen durch Museen und Sehenswürdigkeiten gibt es auch Thementouren (Jack The Ripper, Beatles, Sherlock Holmes, Charles Dickens) und Pub Crawls.

Liquid History Tours
✆ (077) 68 31 00 05
www.liquidhistorytours.com
Ticket ab £ 25
Pub-Touren, Fahrradtouren zum Windsor Castle und Hampton Court, und eine Kayak-Tour nach Windsor.

Fox and Squirrel
http://foxandsquirrel.com
Nur über die Internetseite buchbar Spaziergänge zu Kunst, Street-Art-Fotografie, Mode und Food (Brixton Market) mit Einblicken in Londons kreative Szene. Auch nach individuellen Wünschen.

Bootsfahrten auf der Themse:

London Waterbus Company
➡ nördl. A4
Dingwalls Dock, Camden Lock Market
Northern Line: Camden Town, Chalk Farm
✆ (020) 74 82 25 50
www.londonwaterbus.com
April–Okt. stdl.10–16 Uhr

Die alten roten Telefonzellen sind rar geworden

Ticket ab £9/7.50, Ticket inkl. Eintritt Zoo £ 25/18 (Camden Lock) bzw. £ 27/21 (Little Venice)
Bootsfahrten zwischen Brownings Pool und Little Venice mit Zwischenstopp am London Zoo. Zum Zoo dauert es von Little Venice aus 35 Minuten, von Camden Lock aus 15 Minuten.

Westminster Passenger Service
✆ (020) 79 30 20 62
www.wpsa.co.uk
Die Boote fahren vom Westminster Pier, Victoria Embankment ab. Stromabwärts geht es zum Tower of London, vorbei an den Docklands nach Greenwich und weiter zur Themse-Barriere. Stromaufwärts (nur im Sommer) führt die Fahrt nach Hampton Court, Kew Gardens, Putney und Richmond.

Weitere Informationen zu Bootsfahrten auf der Themse erhält man unter www.riverthames.co.uk.

Strom

Auch in Großbritannien gibt es 220/230 Volt Wechselstrom. Um deutsche Elektrogeräte zu betreiben, braucht man jedoch einen dreipoligen Adapter, den man rund um Piccadilly Circus und in manchen Hostels kaufen kann oder am besten von zu Hause mitbringt. Aus englischen Steckdosen *(socket)* fließt nur dann Strom, wenn man einen kleinen Kipphebel an der Dose umlegt.

Telefonieren

Die knallroten Telefonzellen, die Giles Gilbert 1926 entwarf, sind rar geworden, aber es gibt noch ein paar fotogene Exemplare. Für öffentliche Telefonzellen kauft man sich am besten eine *phonecard* für 5, 10 oder 20 Pfund in Kiosken oder bei der Post. Manche Telefonzellen funktionieren mit *phonecards* und Kreditkarten, Münztelefone gibt es kaum mehr. In britischen Telefonzellen kann man sich auch anrufen lassen. Die Nummer ist gut sichtbar am Gerät angebracht.

Für **Handys** *(mobile phone)* gilt der europaweite GSM-Standard. Am besten erkundigt man sich vor der Reise bei dem eigenen Anbieter nach den Kosten für ein- und abgehende Handygespräche und SMS. Bei längeren Aufenthalten lohnt der Kauf einer britischen Prepaid Card. Innerhalb der EU sind die Roaming-Gebühren seit Juni 2017 aufgehoben, bleibt abzuwarten, was nach 2019 passiert.

Trinkgeld

Taxifahrer und Kellner in den Restaurants oder Hotelangestellte erwarten generell *tip* in Höhe von zehn Prozent. Wichtig: In Pubs gibt man kein Trinkgeld.

Verkehrsmittel

Auto
Wer mit dem eigenen Wagen nach London hineinfährt, steht zu Stoßzeiten stundenlang im Stau und muss sich mit der Parkplatzsuche abplagen. Falsch geparkte ausländische Fahrzeuge werden mit einer *clamp*, einer Radkralle, blockiert und bekommen einen Strafzettel. Zudem muss jeder Autofahrer, der tagsüber in die Innenstadt fährt, eine *congestion charge* (»Verstopfungsgebühr«) in Höhe von £ 11.50 pro Tag zahlen.

U-Bahn und Bus
Die **U-Bahn** (Tube) verkehrt montags bis samstags von 5 bis 24, sonntags von 7 bis 23.30 Uhr. Freitags und Samstags fahren einige U-Bahnen rund um die Uhr. Die zwölf Linien sind farbig gekennzeichnet, die Bahnsteige gut ausgeschildert. Ergänzt wird die Tube durch die **Docklands Light Railway** (DLR), die **London Overground** und die vor den olympischen Sommerspielen eröffnete **Emirates Air Line** (£ 3.50/1.70 mit Oyster Card), eine Gondelbahn, die zwischen Greenwich und den Docklands die Themse überquert und besonders bei Sonnenuntergang einen schönen Ausblick bietet. Die Anschlüsse zu den Booten auf der Themse und den Eisenbahnlinien sowie treppenfreie Zugänge (Aufzüge) für Rollstuhlfahrer sind auf dem Metroplan eingezeichnet. Betreiber des öffentlichen Verkehrsnetzes ist Transport for London (www.tfl.gov.uk).

The Tube – die Londoner U-Bahn
»Röhre« nennen die Londoner ihre U-Bahn. Am 10. Januar 1863 wurde die heutige Metropolitan Line als erste Untergrundbahn der Welt eröffnet. Von Dampflokomotiven gezogene Eisenbahnen fuhren auf der Strecke. 1890 wurde der erste Abschnitt der Northern Line von London Bridge aus elektrisch betrieben. Während des Zweiten Weltkriegs boten viele U-Bahnschächte den Londonern Schutz vor Bombenangriffen. 1969 eröffnete die Victoria Line als erste vollautomatische U-Bahn, 1979 eröffnete die Jubilee Line, 1999 ihre Verlängerung. Seit 2010 sorgt die London Overground, ein der S-Bahn ähnliches Netz, das nicht mehr zur Tube gehört, für eine bessere Anbindung des East End.

Pro Tag nutzen rund drei Millionen Menschen die Tube. Für viele Besucher der britischen Metropole ist sie nicht nur ein Mittel der Fortbewegung, sondern ein Ort der Begegnung mit den Stadtbewohnern, die sich bei ihren langen Fahrten in der Bahn wie zu Hause fühlen, sich kämmen, schminken, Zeitung lesen, Sushi mit Stäbchen essen oder zum Vorglühen für den Abend schon mal Drinks in Plastikbechern mixen.

Tickets bekommt man in den Stationen und an Kiosken sowie im Internet. Am preiswertesten ist die **Oyster Card** (oyster.tfl.gov.uk/oyster/entry.do), die man sich vor der Reise nach Hause schicken lassen oder am Ticketschalter vor Ort erwerben kann. Sie schließt die Benutzung aller U-Bahnen, Busse, Trambahnen, der Docklands Light Railway und der innerstädtischen Bahnverbindungen von National Rail ein. Für Touristen genügen in der Regel die Zonen 1–2 (plus 3 mit DLR). Man erwirbt die Karte (Visitor Oyster Card £ 5) und lässt sie mit einem Startguthaben (von £ 10–50) und kann sie anschließend wieder aufladen. Zu empfehlen sind für 2 Tage £ 15. Überschüssige Guthaben von bis zu £ 10 werden an den Ticketmaschinen zurückerstattet. Ist der Betrag erreicht, den eine Tages-Travelcard kostet, sind alle weiteren Fahrten kostenlos. Das Guthaben verfällt nicht, die Karte kann beim nächsten Aufenthalt wieder genutzt oder weitergegeben werden. Eine Alternative sind Travelcards für einen Tag (£ 15) oder für sieben Tage (£ 40,50). Kinder unter elf Jahren fahren in Begleitung eines Erwachsenen gratis und in Bussen auch, wenn sie allein sind.

Während der Rushhour kommen **Busse** nur langsam voran, allerdings sieht man während der Fahrt etwas von der Stadt. Sie fahren montags bis samstags zwischen 6 und 24, sonntags zwischen 7.30 und 23.30 Uhr. Bei Haltestellen mit der Beschilderung *Request* muss man dem Busfahrer durch Winken anzeigen, dass man mitfahren möchte. **Nachtbusse** verkehren zwischen 23 und 6 Uhr, die Haltestellen sind durch ein »N« gekennzeichnet, auch hier hält der Fahrer nur auf Handzeichen. Die Night Tube fährt freitags und samstags (nur einige Linien).

Fahrrad

Trotz des starken Verkehrs wird London bei Radfahrern immer beliebter. Am besten trägt man einen Helm und im Dunkeln reflektierende Kleidung. Es gibt viele für Radfahrer attraktive Strecken, so auf verkehrsfreien Teilabschnitten des Themse-Pfads, in den Stadtparks, entlang der Kanäle und im Lee Valley. Fahrräder dürfen in öffentlichen Verkehrsmitteln mitgenommen werden. Es gibt zahlreiche private Fahrradverleiher und die Stadt bietet Tausende von Mieträdern (Santander Cycles) die man via App mieten kann. Auf der Website von Transport London gibt es auch Tourenvorschläge als Download.

Taxis

Taxis sollte man am besten am Straßenrand heranwinken oder vor Bahnhöfen oder Flughäfen nehmen. Man kann ein Taxi auch per E-Mail oder App bestellen. Wenn man anruft, fallen zusätzliche Gebühren (£ 2–4) an. Lizenzierte Fahrzeuge haben ein gelbes Leuchtschild auf dem Dach, eine Glaswand, die Fahrer und Mitfahrer trennt, und ein Taxameter.

Black Cab: ✆ (020) 79 08 02 07
Taxis zum Flughafen:
Minicabs: ✆ (020) 85 61 23 01
Hummingbird Airport Transfer:
✆ (020) 33 84 20 76
Apps: Hailo, Gett

Zeitzone

In Großbritannien galt von 1884 bis 1928 die Greenwich Mean Time und heutzutage die UTC (Coordinated Universal Time, Koordinierte Weltzeit). Die Uhren müssen bei der Einreise von Deutschland aus eine Stunde zurückgestellt werden. ■

Street Art in der Portobello Road im trendigen Notting Hill

Die wichtigsten Wörter für unterwegs

Hello! Wer kennt diese alltagstaugliche Begrüßung nicht? Sie klingt weniger salopp als das deutsche *Hallo* und wird in England jederzeit verwendet. *Good afternoon* und *Good evening* kann man – je nach Anlass – natürlich auch sagen. Das ist dann schon etwas förmlicher. Junge Leute bevorzugen übrigens das inzwischen auch hier übernommene *Hi!*

Wird man jemandem vorgestellt, so hört man meist ein *How do you do?* oder *Nice to meet you!* Die Antwort lautet genauso: *How do you do?* Die Engländer sind in der Regel sehr hilfsbereit und höflich und werden Sie, wenn's mit der Sprache mal etwas hapert, nicht im Regen stehen lassen.

Noch etwas wird Ihnen den Einstieg leichter machen: im Englischen gibt es weder unterschiedliche Artikel (es heißt immer *a* und *the*) noch die Unterscheidung in »Du« und »Sie«. Man sagt einfach immer *you*.

Alltag/Umgangsformen

Guten Morgen!	*(Good) morning!*
Guten Abend!	*(Good) evening!*
Gute Nacht!	*(Good) night!*
Guten Tag!	*Hello!*
Hallo!	*Hi!*
Wie geht es dir/ Ihnen?	*How are you?*
Auf Wiedersehen!	*Goodbye!*
Tschüss!	*Bye!/See you!*
Bis bald!	*See you soon!*
Bis morgen!	*See you tomorrow!*
Schön, dich kennen gelernt zu haben.	*It was nice meeting you.*
ja/ nein/ vielleicht	*yes/no/maybe, perhaps*
Ich heiße	*My name is …*
Wie heißt du?	*What's your name?*
Entschuldigung!	*Excuse me! (I'm) Sorry!*
Danke.	*Thank you./ Thanks.*
Bitte schön!/Keine Ursache!	*You're welcome!*

Falls Sie nicht alles verstehen (zugegeben: die Engländer sprechen manchmal ganz schön schnell), können Sie sagen: *I didn't understand that. Could you speak a bit more slowly, please?* Wenn auch das nichts hilft, bleibt noch die Möglichkeit, sich das Gesagte aufschreiben zu lassen: *Could you write it down for me, please?*

Autofahren

Sollten Sie mit dem Auto unterwegs sein, können Sie die folgenden Vokabeln sicher gut gebrauchen, an jeder Tankstelle und im alltäglichen Straßenverkehr. Und falls Sie mal eine Werkstatt nötig haben.

Ich möchte ein Auto mieten.	*I'd like to hire a car.*
Geländewagen	*four-wheel drive*
Motorrad	*motorbike*
Wohnmobil	*camper van*
Mein Auto ist aufgebrochen worden.	*My car has been broken into.*
Bitte geben Sie mir Ihren Namen und Ihre Adresse.	*Could you give me your name and address, please.*
Sie sind zu schnell gefahren.	*You were driving too fast.*
Führerschein	*driving licence*
Ihre Papiere, bitte.	*Could I see your driving licence and insurance, please.*
Meilen/h	*miles per hour.*
Autobahn	*motorway*
Parkplatz	*car park, parking space*
Parkuhr	*parking meter*
Parkscheinautomat	*pay and display machines*
Sicherheitsgurt	*seat belt*
Tankstelle	*petrol station*
Benzin	*petrol*
bleifrei	*unleaded*
Diesel	*diesel*
Machen Sie bitte einen Ölwechsel.	*Could you do an oil change, please?*
fahren	*to drive*
abschleppen	*to tow away*
reparieren	*to repair*
überqueren	*to cross*
Stadtplan	*map of the town/ city*

Sicherheit	*security/safety*
Stau	*traffic jam*

Road signs	**Straßenschilder**
diversion	Umleitung
dead-end	Sackgasse
no parking	Parkverbot
danger	Gefahr

In der Werkstatt	***In the garage***
Ich habe einen Unfall gehabt.	*I've had an accident.*
Könnten Sie meinen Wagen abschleppen?	*Could you tow my car away?*
Mein Auto springt nicht an.	*My car won't start.*
Die Batterie ist leer.	*The battery's flat.*
Die Bremse ist defekt.	*The brake's broken.*
Der Motor klingt seltsam.	*The engine sounds funny.*
Wann wird der Wagen fertig sein?	*When will the car be ready?*
Getriebe	*gears, gearbox*
Zündkerze	*spark plug*
Vergaser	*carburettor*
Blinker	*flashing lights*
Reifen	*tyre*
Reifendruck	*tyre pressure*
Anlasser	*starter*
Scheibenwischer	*windscreen wipers*
Scheinwerfer	*headlights*
Kühler	*radiator*

Einkaufen

Was kostet/kosten …?	*How much is/are …?*
Geld	*money*
Kasse	*cash desk*
ausgeben	*to spend*
bezahlen	*to pay*
verkaufen	*to sell*
Sonderangebot	*special offer*
Etwas weniger, bitte.	*A bit less, please.*
Etwas mehr, bitte.	*A bit more, please.*
größer/kleiner	*bigger/smaller*
Wo bekomme ich…?	*Where can/get …?*
Ich hätte gerne	*I'd like …*
Geben Sie mir bitte eine Packung…	*Could I have a package of …?*
Zeigen Sie mir bitte…	Could you show me …
Kann ich das anprobieren?	*Could I try this on?*
Wo sind die Umkleidekabinen?	*Where are the changing rooms?*
Kann ich mit Kreditkarte zahlen?	*Can I pay with credit card?*
zu teuer	*too expensive*
billig	*cheap*
Haben Sie das noch in einer anderen Größe?	*Which other sizes do you have?*
Ich habe Größe	*I'm (continental) size …*
Hemd	*shirt*
Hose	*trousers*
Jeans	*a pair of jeans*
ein Paar Schuhe	*a pair of shoes*
Mantel	*coat*
Rock	*skirt*
Kleid/Kostüm	*dress/suit*
Strumpfhose	*tights*
Strümpfe	*stockings*
Jacke	*jacket*
Halstuch	*scarf*
Pullover	*sweater*

Farben und Muster	***Colours and patterns***
blau	*blue*
braun	*brown*
gelb	*yellow*
rot	*red*
grün	*green*
schwarz	*black*
weiß	*white*
grau	*grey*
einfarbig	*plain*
bunt	*colourful*
gemustert	*patterned*
kariert	*checked*
gestreift	*striped*

Essen und Trinken

Frühstück	*breakfast*
Mittagessen	*lunch*
Abendessen	*dinner*

Geschäfte	***Shops***
Bäckerei	*bakery*
Süßwarenladen	*sweet shop*
Fleischerei	*butcher('s shop)*
Markt	*market*
Gemüsehändler	*greengrocer*
Obstgeschäft	*fruitseller*
Supermarkt	*supermarket*

Im Restaurant	***In a restaurant***
Wo gibt es hier in der Nähe ein gutes Restaurant?	*Is there a good restaurant around here?*
Ich möchte einen Tisch für zwei Personen um acht Uhr reservieren.	*I'd like to reserve a table for two for eight o'clock.*
Die Karte bitte.	*Could I have the menu, please?*
Getränkekarte	*drinks menu*
Was empfehlen Sie mir?	*What can you recommend?*
Haben Sie vegetarische Gerichte?	*Do you serve vegetarian dishes?*
Ich möchte ein Bier, bitte.	*I'll have a beer, please.*

Ich möchte eine Flasche/ein Glas Rotwein.	*I'll have a bottle/ a glass of red wine.*

Im Englischen ist es übrigens nicht üblich, sich vor dem Essen einen »Guten Appetit« zu wünschen, bisweilen hört man aber dennoch ein *Bon appétit* oder ein *Enjoy your meal.*

biscuits

Zum Wohl!	*Cheers!*
Ich möchte zahlen, bitte.	*Could I have the bill, please?*
Ich möchte eine Quittung.	*Could I have a receipt?*
Hat es Ihnen geschmeckt?	*Did you enjoy it?*
Danke, sehr gut.	*It was delicious, thank you.*
Trinkgeld	*tip*
Zutat	*ingredient*
essen	*to eat*
trinken	*to drink*
stilles Mineralwasser	*still mineral water*
Mineralwasser mit Kohlensäure	*sparkling mineral water*
Leitungswasser	*tap water*
Hauswein	*house wine*
Bier	*beer*
helles Bier	*lager*
dunkles Bier	*stout*
Saft	*juice*

Fish and seafood	**Fisch und Meeresfrüchte**
mussels	Muscheln
shellfish	Schalentiere
calamari	Tinten-fischringe
lobster	Hummer
crayfish	Flusskrebs
king prawn	Riesengarnele
shrimps	Garnelen
crabs	Krabben
oysters	Austern
anchovies	Sardellen
tuna	Tunfisch
bass	Seebarsch
eel	Aal
trout	Forelle
sardines	Sardinen
salmon	Lachs
Dover sole	Seezunge
fish fingers	Fischstäbchen
kedgeree	Reis mit Fisch und hartgekochten Eiern
fish and chips	Frittierte Fischstücke mit Pommes frites

Meat dishes	**Fleischgerichte**
pork	Schwein
fillet of pork	Schweinefilet
hare	Hasenbraten
rabbit	Kaninchen
cutlet	Kotelett
escalope	Kalbsschnitzel
lamb	Lamm
leg of lamb	Lammkeule
beef	Rindfleisch
veal	Kalbfleisch
game	Wild
roast beef	Rinderbraten
stew	Fleischeintopf
hot pot	Eintopf mit Fleisch und Kartoffeln
Irish stew	Eintopf mit Hammelfleisch, Kartoffeln und Zwiebeln
ham and eggs	Spiegeleier mit Schinken
cottage pie	Hackfleisch mit Soße, mit Kartoffelbreihaube überbacken
rissole	Frikadelle
meat balls	Fleischklößchen
minced meat	Hackfleisch
sausages	Würstchen
ham	Schinken
boiled/raw	gekocht/roh

Poultry	**Geflügel**
chicken	Hähnchen, Huhn
chicken breasts/ leg	Hühnerbrust/ -keule
chicken wings	marinierte Hühnerflügel
duck	Ente
goose	Gans
turkey	Truthahn, Pute
quail	Wachtel

Vegetables	**Gemüse**
asparagus	Spargel
spinach	Spinat
cabbage	Kohl
beans	Bohnen
peas	Erbsen
potatoes	Kartoffeln
salad	Salat
cucumber	Gurke
cauliflower	Blumenkohl
mushrooms	Pilze
onion	Zwiebel
pumpkin	Kürbis
maize	Mais
maize cob	Maiskolben
coleslaw	Krautsalat
carrots	Möhren

Fruits	**Obst**
pineapple	Ananas
apple	Apfel
pear	Birne
strawberries	Erdbeeren
raspberries	Himbeeren
cherries	Kirschen
melon	Melone
peach	Pfirsich
banana	Banane

lemon	Zitrone
orange	Orange
grapes	Weintrauben
dried fruit	getrocknetes Obst

Side dishes	**Beilagen**
boiled rice	gekochter Reis
brown, wild rice	Natur-Wildreis
baked potatoe	gebackene Kartoffel
French fries, chips	Pommes frites
duchess potatoes	überbackener Kartoffelbrei
fried potatoes	Bratkartoffeln
mashed potatoes	Kartoffelbrei
potato fritters	Kartoffelkuchen
sweet potatoes	Süßkartoffeln
dumplings	Knödel
noodles/pasta	Nudeln

Ways of cooking	**Zubereitungsarten**
baked	gebacken
barbecued	gegrillt
boiled	gekocht
braised	geschmort
steamed	gedämpft
deep-fried	frittiert
fried	gebraten
medium	medium
rare	englisch, blutig
well done	durchgebraten

What else?	**Was es sonst noch gibt**
milk	*Milch*
skimmed milk	*fettarme Milch*
cream	*Sahne*
cheese	*Käse*
porridge	*Haferbrei*
eggs	*Eier*
butter	*Butter*
spices	*Gewürze*
garlic	*Knoblauch*
salt	*Salz*
pepper	*Pfeffer*
chillis	*Peperoni*
ginger	*Ingwer*
horse radish	*Meerettich*
sugar	*Zucker*
vinegar	*Essig*
olive oil	*Olivenöl*
honey	*Honig*
coffee	*Kaffee*
decaffeinated coffee, decaf	*koffeinfreier Kaffee*
ice cream	*Eis*
soup	*Suppe*

At the bakery	**Beim Bäcker**
bread	Brot
sandwich	belegtes Brot
white bread	Weißbrot
wholemeal bread	Brot aus Vollkornmehl
roll	Brötchen
cake	Kuchen
biscuits	Kekse

Kosmetik, Geld, Post, Presse, Verkehrsmittel

In der Drogerie	***At the chemist***
Zahnbürste	*toothbrush*
Zahnpasta	*toothpaste*
Rasiercreme	*shaving cream*
Rasierklinge	*razor-blade*
Haarshampoo	*shampoo*
Bürste	*brush*
Kamm	*comb*
Seife	*soap*
Fön	*hair dryer*
Papiertaschentücher	*tissues*
Sonnenöl	*suntan lotion*
Mückenschutz	*mosquito repellent*

In der Bank	***At the bank***
Entschuldigen Sie bitte, wo ist hier eine Bank?	*Excuse me, is there a bank around here?*
Wo kann ich Geld wechseln?	*Is there a currency exchange somewhere?*
Bargeld	*cash*
Geldautomat	*cash machine/ATM*
Höchstbetrag	*maximum amount/limit*
Kreditkarte	*credit card*
Überweisung	*transfer*
Unterschrift	*signature*
unterschreiben	*to sign*
Währung	*currency*
Schalter	*counter*
abheben	*to withdraw*

Post	***At the post office***
Was kostet eine Postkarte nach Deutschland?	*How much is a postcard to Germany?*
Absender	*sender*
verschicken	*to send*
Empfänger	*addressee*
Paket	*parcel*
Briefmarken	*stamps*
Briefumschlag	*envelope*

Presse	***At the newspaper shop***
Zeitung	*newspaper*
Zeitschrift	*magazine*
Ich hätte gerne eine deutsche Zeitung.	*I'd like a German newspaper.*

Verkehrsmittel	***Means of transport***
Zug	*train*
umsteigen	*to change trains*
Bahnhof	*station*
Flugzeug	*airplane*
Flughafen	*airport*
Abflug	*take-off*
fliegen	*to fly*
buchen	*to book*
Schiff	*ship*

Hafen	*port, harbour*
Fähre	*ferry*
Abfahrt	*departure*
Ankunft	*arrival*
Fahrplan	*timetable*
Zuschlag	*extra charge*
Gepäck	*luggage, baggage*
Verspätung	*delay*

Telefonieren, Internet	***Telephone, Internet***
Telefonieren	*to make a phone call*
Telefonkarten	*phone card, calling card*
Handy	*mobile phone*
SMS	*text message*
Haben Sie WLAN?	*Do you have wi-fi?*
Ich habe kein Signal.	*I have no signal.*
Anhang	*attachment*
aktualisieren	*to refresh*
herunterladen	*to download*
sich verbinden mit	*to connect with*

Beim Arzt — *At the doctor*

praktischer Arzt, Allgemeinarzt	*general practitioner (GP)*
Zahnarzt	*dentist*
Mein Mann/meine Frau ist krank.	*My husband/my wife is sick.*
Ich habe mir den Magen verdorben.	*My stomach is upset.*
Ich habe mich übergeben.	*I've been vomiting.*
Ich bin stark erkältet.	*I've got a bad cold.*
Ich bin im ... Monat schwanger.	*I'm ... months pregnant.*
Ich habe einen hohen/niedrigen Blutdruck.	*I've got high/low blood pressure.*
Hier habe ich Schmerzen.	*It hurts here.*
Ich bin gestürzt.	*I've had a fall.*
Können Sie mir ein Rezept ausstellen?	*Can you give me a prescription?*
Mein ... tut weh.	*My ... hurts.*
Mund	*mouth*
Arm	*arm*
Knöchel	*ankle*
Herz	*heart*
Zahn	*tooth*
Knie	*knee*
Bein	*leg*
Auge	*eye*
Hals	*throat*
Nase	*nose*
Ohr	*ear*
Haut	*skin*
Fuß	*foot*
Kopf	*head*
Rücken	*back*
Durchfall	*diarrhoea*
Übelkeit	*nausea*
Husten	*cough*
Kopfschmerzen	*headache*
Hexenschuss	*lumbago*
Sonnenbrand	*sunburn*
Schwindel	*dizziness*
Heuschnupfen	*hay fever*
Grippe	*flu, influenza*
Salbe	*ointment*
Wundsalbe	*antiseptic ointment*
Tablette	*pill, tablet*
Schlaftabletten	*sleeping pills*
Tropfen	*drops*
Schmerzmittel	*painkiller*
Verbandszeug	*dressing material*
Kohletabletten	*charcoal tablets*
Pflaster	*plaster*

Wo? Wie? Was? – Orientierung

Entschuldigung, wo ist ...?	*Excuse me, where's ...?*
Wie komme ich nach ...?	*How do I get to ...?*
Ist das die Straße nach ...?	*Is this the road to ...?*
Wie komme ich am schnellsten nach ...	*What's the quickest way to get ...*
geradeaus	*straight ahead*
nach rechts	*(to the) right*
nach links	*(to the) left*
Überqueren Sie die Brücke.	*Cross the bridge.*

Sehenswürdigkeiten — *Sights*

Führung	*guided tour*
Brücke	*bridge*
Schloss	*castle, palace*
Schatzkammer	*treasury*
Turm	*tower*
Denkmal	*monument*
Fluss	*river*
Brunnen	*fountain*
Kirche	*church*
Kathedrale	*cathedral*
Platz	*square*
Museum	*museum*
Rathaus	*town hall, city hall*
Ruine	*ruins*

Unterkunft — *Lodging*

Wissen Sie, wo ich ein Zimmer in zentraler Lage finden kann?	*I am looking for a hotel close to the centre.*
Haben Sie ein Zimmer frei für zwei Tage?	*Do you have a room for two nights?*
Ich suche eine Pension.	*I'm looking for a B&B.*

Können Sie für mich reservieren?	*Could you book it for me?*
Doppelzimmer	*double room*
Einzelzimmer	*single room*
Können Sie ein Kinderbett aufstellen?	*Can you put in a cot?*
Waschbecken	*sink*
Dusche und WC	*shower and toilet*
Badezimmer	*bathroom*
Bitte den Schlüssel für Zimmer 10.	*The key to room 10, please.*
Wir reisen morgen ab.	*We're leaving tomorrow.*
Können Sie mich um sieben wecken?	*Could you wake me up at seven?*
Rufen Sie bitte ein Taxi.	*Would you order a taxi for me?*
Campingplatz	*campsite*
Zelt	*tent*
Jugendherberge	*youth hostel*
Wäscheservice	*laundry service*
Internetzugang	*internet access*

Wetter — *Weather*

Wie wird das Wetter heute?	*How is the weather today?*
Es wird warm.	*It's going to be warm.*
Wetterbericht	*weather forecast*
heiß	*hot*
schwül	*humid*
bewölkt	*cloudy*
kalt	*cold*
kühl	*cool*
wechselhaft	*variable, unstable*
Wieviel Grad haben wir?	*What's the temperature?*
Wolke	*cloud*
Gewitter	*thunderstorm*
Hitze	*heat*
Regen	*rain, shower*
Sonne	*sun*
Wind	*wind*
Klima	*climate*
nass	*wet*
Nebel	*fog*

Zahlen — *Numbers*

null	*zero*
eins	*one*
zwei	*two*
drei	*three*
vier	*four*
fünf	*five*
sechs	*six*
sieben	*seven*
acht	*eight*
neun	*nine*
zehn	*ten*
elf	*eleven*
zwölf	*twelve*
dreizehn	*thirteen*
vierzehn	*fourteen*
zwanzig	*twenty*
dreißig	*thirty*
vierzig	*fourty*
hundert	*hundred*
tausend	*thousand*

Zeitangaben, Kalender — *Time, Calendar*

Wie spät ist es?	*What's the time?*
Es ist (ungefähr) ein Uhr.	*It's (around) one o'clock.*
Es ist viertel nach eins.	*It's quarter past one.*
Es ist halb zwei.	*It's half past one.*
Es ist viertel vor zwei.	*It's quarter to two.*
In einer halben Stunde.	*In half an hour.*
heute	*today*
gestern	*yesterday*
vorgestern	*the day before yesterday*
morgen	*tomorrow*
übermorgen	*the day after tomorrow*
nächste Woche	*next week*
morgens, vormittags	*in the morning*
nachmittags	*in the afternoon*
Abend	*evening*
nachts	*at night*
früh	*early*
spät	*late*
Tag	*day*
Woche	*week*
Monat	*month*
Jahr	*year*
Jahrhundert	*century*
Montag	*Monday*
Dienstag	*Tuesday*
Mittwoch	*Wednesday*
Donnerstag	*Thursday*
Freitag	*Friday*
Samstag	*Saturday*
Sonntag	*Sunday*
Januar	*January*
Februar	*February*
März	*March*
April	*April*
Mai	*May*
Juni	*June*
Juli	*July*
August	*August*
September	*September*
Oktober	*October*
November	*November*
Dezember	*December* ■

Die **fetten** Seitenzahlen verweisen auf ausführliche Erwähnungen, *kursiv* gesetzte Begriffe bzw. Seitenzahlen beziehen sich auf den Service.

GO VISTA CITY & INFO GUIDES

Reiseführer mit ausfaltbarer Karte und drei Postkarten

- über 120 Titel lieferbar
- alle Highlights der Destination
- Vorschläge für eine oder mehrere Stadttouren
- Tipps zu Essen und Trinken, Nightlife, Shopping, Kultur, Sport etc.
- Chronik mit Daten zur Geschichte
- reisepraktische Hinweise
- Sprachführer (in ausgewählten Titeln)
- Top 10
- Format 11 x 21,5 cm
- 96 oder 144 Seiten

VISTA POINT Verlag GmbH
Rolandsecker Weg 30 · 53619 Rheinbreitbach

www.vistapoint.de · info@vistapoint.de

www.facebook.de/vistapoint · www.twitter.com/VPVerlag

2014 Merlin Entertainments/London Dungeon: S. 68
British Tourist Authority, Frankfurt/M.: S. 2 o. r., 16, 21 o.
Fotolia/Bruno Bernier: S. 3 u.; John Gaffen: S. 37 o.; Vladislav Gajic: S. 59 u.; Bayu Harsa: S. 21 u.; Konstiantyn: S. 22; SammyC: S. 27; TheThirdMan: S. 43; Ziggy: Schmutztitel (S. 1)
iStockphoto/Anthony Baggett: S. 45; Robinson Becquart: S. 24 u.; Pierre Cruciatti: S. 25; Fazon1: S. 82; Nick Garrad: S. 71; Godrick: S. 2 o. l., 9; Rami Halim: S. 6 r.; David Joyner: S. 77; mbbirdy: S. 47, 55; Nikada: S. 83; S. Greg Panosian: S. 4/5; Petar Paunchev: S. 15; Sack: S. 2 o. Mitte, 11; Rui Saraiva: S. 8; Stevecoleimages: S. 69
National Portrait Gallery, London: S. 73 u.
shutterstock/Adam Sapien: S. 20; Allan Gregorio: S. 79; ClaudioDivizia: S. 23; Gordon Bell: S. 80; Lukas Pajor: S. 22
Petra Sparrer, Köln: S. 3 o. l., 3 o. r., 7, 13, 14, 26, 34, 46, 49, 51, 53, 56, 61, 63, 65, 66, 67
Tate Britain, London: S. 36
Tropicana Beach Club, London: S. 57
Visit Britain/Rob Moore: S. 59 o.
VISTA POINT Verlag (Archiv), Rheinbreitbach: S. 28, 29, 33, 41, 72 o., 72 u., 73 o., 74, 76
Wikipedia/FA2010: S. 35; Spolloman: S. 52; (CC BY-SA 3.0)/Diliff: S. 12
www.britainonview.com: S. 3 o. Mitte, 6 u. l., 17, 31, 32, 37 u., 39, 40, 70; Pawel Libera: S. 6 o. l., 44; Ingrid Rasmussen: S. 85; Jon Spaull: S. 24 o.; Winnall: S. 64

Schmutztitel (S. 1): Street Art in Camden
Seite 2/3 (v. l. n. r.): Tower of London, City Hall und Tower Bridge, Changing the Guard am Buckingham Palace, Trafalgar Square, die Beatles im Madame Tussauds, Street Art in Shoreditch, Hyde Park (S. 3 u.)
Seite 6/7: Tower of London (S. 6 o. l.), St. Paul's Cathedral (S. 6 u. l.), Grauhörnchen im Hyde Park (S. 6 r.), British Museum (S. 7)

4., aktualisierte Auflage 2019

Reihenkonzeption: Andreas Schulz & VISTA POINT-Team
Bildredaktion: Andrea Herfurth-Schindler
Lektorat: JB Bild | Text | Satz, Christine Berger
Layout und Herstellung: Kerstin Hülsebusch-Pfau
Reproduktionen: Noch & Noch, Datteln
Kartographie: Berndtson & Berndtson Productions GmbH, Fürstenfeldbruck, und Kartographie Huber, München
Druckerei: Colorprint Offset Limited, Unit 1808, 18/F., 8 Commercial Tower, 8 Sun Yip Street, Chai Wan, Hong Kong
VP 10XVIII

ISBN 978-3-96141-302-7

An unsere Leser!
Die Informationen dieses Buches wurden gewissenhaft recherchiert und von der Verlagsredaktion sorgfältig überprüft. Nichtsdestoweniger sind inhaltliche Fehler nicht immer zu vermeiden. Für diese übernimmt der Verlag keine Haftung. Für Ihre Korrekturen und Ergänzungsvorschläge sind wir dankbar.

VISTA POINT Verlag
Rolandsecker Weg 30 · 53619 Rheinbreitbach
Telefon: +49 (0)2224/7795-0 · Fax: +49 (0)2224/7795-100
info@vistapoint.de · www.vistapoint.de · www.facebook.de/vistapoint

† Services or access at these stations are subject to variation. Please search 'TfL stations' for full details.

MAYOR OF LONDON

tfl.gov.uk

24 hour travel information 0343 222 1234*

*Service and network charges may apply. See tfl.gov.uk/terms for details.

Reg. user No. 18/S/3313/P

Improvement works n